A. ALHAIZA

HISTORIQUE

DE

L'ÉCOLE SOCIÉTAIRE

Fondée par Charles FOURIER

SUIVI D'UN RÉSUMÉ

DE LA DOCTRINE FOURIÉRISTE

ET DU SOMMAIRE

DU GARANTISME

Élucidé par Hippolyte DESTREM

PARIS

SE TROUVE AU BUREAU DE *LA RÉNOVATION*, RUE DE CHATEAUDUN

ET CHEZ Mme FUCHET, 14, PASS. DE SAULNIER

1894

HISTORIQUE

DE

L'ÉCOLE SOCIÉTAIRE

OUVRAGES DU MÊME AUTEUR :

Catéchisme dualiste. *Essai de synthèse physique, vitale et reli-gieuse,* 1 vol. in-12. Prix : 3 fr. 50.
Cybèle. *Voyage extraordinaire dans l'avenir,* 1 vol. in-12. Prix: 3 fr. 50.

(Ces deux volumes se trouvent chez G. CARRÉ, éditeur,
58, rue Saint-André-des-Arts, Paris.)

EN PRÉPARATION :

Les Kardan, *Reminiscences du passé.*
Mille Remarques au hasard.

LA RÉNOVATION

Organe de l'Ecole Sociétaire paraissant chaque mois.

Abonnements : Paris, par an . . . . 2 fr.
— Départements et étranger, par an. 2 fr. 50.

Direction de la Rédaction : HIPPOLYTE DESTREM, 39, rue de Châ-teaudun, Paris.
Administration : Mᵐᵉ FUMET, 15, passage Saulnier, Paris.

OEUVRES SOCIOLOGIQUES D'HIPPOLYTE DESTREM :

La Future Constitution de la France, *ou les Lois morales de l'ordre politique,* 2 grands vol. in-8°. Prix : 5 fr.
Du Moi Divin *et de son action sur l'Univers,* 1 vol. in-12. Prix : 2 fr.

Ces deux ouvrages sont en vente rue de Châteaudun, 39.

La Rénovation économique, prix : 1 franc, chez Ollendorff, 28 bis, rue Richelieu.
La Rénovation politique, prix : 1 fr. 50, chez l'auteur, 39, rue de Châteaudun.

EN PRÉPARATION :

La Rénovation internationale.
La Rénovation religieuse et morale.
Les Sexes, l'Amour, la Famille et la Vie privée, *dans les temps nouveaux.*

A. ALHAIZA

HISTORIQUE

DE

L'ÉCOLE SOCIÉTAIRE

Fondée par Charles FOURIER

SUIVI D'UN RÉSUMÉ

DE LA DOCTRINE FOURIÉRISTE

ET DU SOMMAIRE

DU GARANTISME

Élucidé par Hippolyte DESTREM

PARIS

SE TROUVE AU BUREAU DE *LA RÉNOVATION*, 39, RUE DE CHATEAUDUN

ET CHEZ Mme FUMET, 15, PASSAGE SAULNIER.

1894

INTRODUCTION

L'École Sociétaire, à laquelle est consacré le témoignage historique qu'on va lire, n'est pas une institution du moment, éphémère et transitoire. Par la nature même de sa doctrine, elle doit être perpétuelle et se continuer de génération en génération durant un temps dont on ne peut marquer la limite.

Ses doctrines ont pour suprême objectif d'éliminer du monde le *mal*, représenté par les *neuf fléaux de subversion sociale*, et d'y organiser et d'y maintenir le *bien* représenté par les *neuf biens opposés*, ainsi que cela est démontré dans les œuvres de Charles Fourier, son fondateur, et ainsi que cela est expliqué dans le cours du présent livre. Par sa nature, une telle institution doit aspirer à s'étendre sur toute notre planète, et s'y perpétuer indéfiniment.

Or une institution de ce caractère doit avoir sa propre histoire, marquant pas à pas son origine, ses progrès, les obstacles qu'elle a eu et qu'elle a encore à vaincre, les développements qu'elle a accomplis et même, en pleine sincérité, les écueils sur lesquels elle a touché, les faux-pas qu'elle a pu commettre, sans compromettre d'ailleurs son immortelle vitalité.

Au point où nous sommes actuellement, l'histoire complète de ce grand mouvement intellectuel et social embrasse trois grandes périodes, devant avoir chacune sa relation à part :

La période des grands précurseurs de Fourier, fondateur de l'École et initiateur de sa doctrine, premier auteur de la science sociale synthétisée ;

La vie du fondateur et ses travaux ;

La période écoulée depuis la mort de Fourier, arrivée en 1837, jusqu'à l'heure où nous sommes.

De ces trois desiderata qui étaient à remplir, il en est un, le premier, qui existe encore à l'état de lacune. Nous allons nous expliquer tout à l'heure à ce sujet.

Le second a été rempli depuis cinquante ans par notre admirable ami, le si regretté docteur Pellarin, dans son livre : *Charles Fourier, sa vie et sa théorie*, monument de pieuse investigation, de sincérité, de vérité complète, auquel rien n'est à ajouter, dont rien n'est à retrancher, élevé par le grand cœur du disciple à la mémoire immortelle du maître.

Le troisième desideratum attendait depuis longtemps qu'un homme se dévouât à son accomplissement. L'œuvre présentait de très sérieuses difficultés. La période dont il fallait écrire l'histoire ne compte pas moins de cinquante-six années successives, et les phases par lesquelles l'Ecole Sociétaire a passé durant ce laps de temps considérable ont été laborieuses, tourmentées, agitées, aussi contrastées dans leurs caractères intrinsèques que diverses par les circonstances où elles se sont produites. Les éléments qu'il fallait rassembler gisaient dans une foule de documents épars, qu'un injuste oubli avait laissés dans l'ombre.

Parmi les acteurs de ce long drame, connu des seuls intimes, ignoré du grand public, à peine si quelques-uns vivent encore au moment où ce livre va paraître. Très rares sont les survivants qui pourraient rendre témoignage *de visu* de ce qui a été dit, écrit, pensé, agi, par tous ceux qui ont pris part à la propagande de la doctrine, à ses tentatives de réalisation, à ses développements de principes, à l'action incontestable qu'elle a exercée sur la marche de l'esprit contemporain.

Toutes ces réflexions m'avaient depuis longtemps frappé et affligé. Je voyais avec une peine très vive les années s'écouler, emportant de plus en plus au fleuve d'oubli tant d'efforts accomplis pour le Progrès et la Justice, tant de mérites divers, tant de noms dignes de survivre. Les travaux urgents et sans fin qui n'ont cessé de s'imposer par la force des choses à celui qui signe ces quelques pages ne lui permettaient pas de s'en détourner pour une autre œuvre, même du plus haut intérêt.

Dans le cours de mon existence, déjà très longue, j'ai vu passer devant moi tous les groupements d'hommes, de partis, de sectes, d'écoles, qui ont marqué durant ces derniers soixante-dix ans en matière soit politique, soit économique, soit philosophique, soit religieuse, soit humanitaire, à des points de vue divers. A cet égard, le XIXe siècle français a été d'une fécondité que pourraient lui envier tous les siècles antérieurs. Eh bien! je n'hésite pas à affirmer que, parmi tous ces groupements d'hommes d'initiative, aucun n'a dépassé ou plutôt même n'a égal l'Ecole Sociétaire en dévouements nombreux et modestes, en sincérité, en union intérieure, en bienveillance et en équité pour les autres groupes, en désintéressements ignorés et sans ostentation, en abnégations de tout genre, n'ayant pour but que les services à rendre à l'humanité, sans nul espoir de récompense personnelle.

Aussi ai-je éprouvé une joie extrême lorsque j'ai vu notre nouvel adepte, M. Alhaiza entreprendre l'œuvre de justice et de lumière qui va se dérouler sous les yeux du lecteur. Nul n'était mieux que lui désigné pour cette tâche, non seulement par ses qualités d'investigateur sincère et laborieux, mais encore parce que ses travaux antérieurs l'avaient spontanément amené à des conclusions philosophiques et sociologiques qui se trouvaient être précisément celles de l'enseignement sociétaire. Aussi, dès son initiation, devait-il, pour ainsi dire, apporter à nos doctrines un redoublement de conviction personnelle. Son livre, comme celui de Pellarin, est un de ceux qui resteront classiques dans l'Ecole Sociétaire, des destinées de laquelle il demeurera inséparable.

Il me reste à dire ce que devra être, en toute logique et toute vérité, le troisième ouvrage que l'Ecole doit attendre, celui qui retrouvera ses antécédents dans l'histoire de l'esprit humain et dans la série des précurseurs antérieurs à Fourier.

Pour savoir quels sont ces précurseurs, le caractère qui les distingue, le signe dont ils sont marqués, il suffit de reconnaître le signe dont fut marqué Fourier lui-même et qu'il a transmis à son Ecole.

Nous l'avons dit plus haut : éliminer du monde le règne lu *Mal* et lui substituer le règne du *Bien*, telle est la tâche dévolue à l'École Sociétaire.

Dès lors, sont logiquement ses précurseurs tous les hommes transcendants qui, à toutes les époques ont affirmé et fait avancer vers son terme la grande espérance du mal vaincu et du bien triomphant : depuis l'auteur de la Genèse annonçant que le fils de la femme écrasera la tête du serpent ; depuis Zoroastre prophétisant la victoire finale d'Ormuzd sur Ahrimane ; depuis Pythagore, Socrate, Platon, Aristote, atteignant les sommets de l'idéalisation, jusqu'à notre divin Descartes et ses successeurs, tous animés d'une même foi indestructible et inébranlable au triomphe final des vérités suprêmes dont dépend le bonheur de notre espèce.

A vue d'œil, on peut concevoir dans l'histoire du genre humain, comme précurseurs de la grande ère d'harmonie sociale et des destinées heureuses, une centaine de sublimes génies, de philosophes, d'hiérophantes et de poètes.

Montrer la succession à travers les siècles de ces génies transcendants, le lien qui les unit, la flamme qui s'est transmise des uns aux autres, sera faire l'historique des précurseurs de l'École Sociétaire.

Les grands travaux urgents qui me restent à achever m'interdiront, je le crains, cette tâche. Un autre plus heureux que moi se chargera de la mener à fin. Puisse-t-il y apporter autant de zèle et de dévouement humanitaire qu'en a mis M. Alhaiza dans les pages qui vont se présenter au lecteur.

HIPPOLYTE DESTREM.

AVANT-PROPOS

Parmi ceux qui lisent, il en est bien peu qui ne connaissent le nom de Charles Fourier et qui ne prononcent en même temps le mot de *Phalanstère*, lequel éveille en leur esprit comme une idée confuse de cité bizarre, de collectivité étroitement ordonnée, où chaque individu occupe la place qui convient à ses seules aptitudes ; quelque chose comme une grande ruche humaine, où tous les genres de relations, de travaux, de sentiments même auraient leurs rôles ou départements tout désignés et tracés à l'avance. On sait vaguement que les essais de réalisation phalanstérienne qui purent tant bien que mal être tentés n'aboutîrent pas, et toute l'impression qui reste actuellement du fouriérisme, dans le grand public, est celle d'une ingénieuse chimère qui serait allée rejoindre tant d'autres imaginations au vaste pays d'Utopie.

A part ce phalanstère qui n'est qu'une des branches de la doctrine fouriériste, on ne sait rien de Charles Fourier ; l'on ignore généralement quelle immense conception sortit de ce cerveau génial, mais trop téméraire peut-être, où l'idée poussée toujours jusqu'à ses plus extrêmes limites, verse parfois par certains côtés, d'ailleurs tout à fait accessoires, dans l'exagération et l'irréalisable.

Ce côté excessif, n'hésitons pas un instant à le reconnaître, non comme une concession à faire aux esprits timides ou prévenus, mais comme une pousse surabondante, où l'élagage est permis et même nécessaire à la perspective du grandiose ensemble des hautes et nouvelles vérités universelles, que découvrit et proclama l'auteur trop méconnu de la *Théorie des Quatre Mouvements*, du *Nouveau Monde Industriel* et de la *Théorie de l'Unité Universelle*, son plus grand ouvrage (1).

En notre époque d'effondrement moral et de désordre intellectuel, où tout ce qui fut l'ancien édifice social est déjà à terre ou ne présente plus que de branlantes ruines; où de tous côtés, en un véritable chaos, partis, systèmes, doctrines, principes, luttent ensemble et se démènent sans autre puissance que celle de démolir encore; où l'on peut dire que dès à présent table rase est faite sans qu'aucun des démolisseurs songe efficacement à une reconstruction; où chacun se demande sur quoi reporter cet inéluctable besoin d'espérance, d'organisation, de quiétude, de foi, qui fait partie intégrante de la nature humaine; où les meilleurs esprits scrutent, non sans quelque terreur secrète, l'énigme de *demain;* à cette heure présente de nuit et de découragement, il faut enfin que tous sachent qu'il a déjà paru à l'aube même de ce siècle, l'ouvrier désiré, l'architecte, disons plutôt l'annonciateur de l'organisation des sociétés futures; organisation qu'il n'est au pouvoir d'aucun homme de créer, parce que c'est là un fait d'évolution fatale, de développement spécifique en quelque sorte, mais que le génie a pouvoir de deviner, de proclamer à l'avance, et d'aider dans son accomplissement.

Ce qui, chez d'autres penseurs éminents, n'avait été encore que soupçon, pressentiment, Fourier en a eu la vision claire et lointaine, en a fait la science sociale qu'il

---

(1) Fourier a produit en outre : le *Traité de l'Association domestique*, la *Fausse Industrie*, deux importants volumes de *Mélanges*, et un très grand nombre de manuscrits inédits.

a présentée en des formules précises, arrêtées, saisis-
santes de justesse et de compréhension facile, et, ajoutons
aussi, pleines de promesses pour tout le bonheur et la
prospérité possibles, en ce monde, des individus et des
peuples.

Comment se fait-il, dira-t on, qu'une œuvre d'une telle
supériorité, que des vérités aussi importantes ne se soient
pas imposées à tous les esprits, n'aient pas fait leur chemin dans le public, depuis bientôt un siècle qu'elles sont
connues ?

Nous répondrons à cela que cette œuvre, que ces vérités,
sont de celles qui demandent beaucoup de temps pour
forcer la porte des intelligences, parce qu'elles heurtent
trop violemment les idées et les préjugés de l'époque où
elles se produisent, et que d'ailleurs ce xixe siècle, qui finit
aussi trouble qu'il a commencé, devait fournir sa carrière
de bouleversements et de luttes, d'espérances et de désil-
lusions, de progrès matériel et de recul moral, d'expériences de toute sorte enfin, déjà prophétiquement prévues
et décrites dans le *Nouveau Monde Industriel*, pour pré-
parer les voies au véritable ordre nouveau qui est appelé à
remplacer la phase de civilisation imparfaite, dont nous
voyons s'agiter autour de nous les dernières décadences.

Les voies sont préparées, disons-nous, et le moment est
propice pour que puisse être dès aujourd'hui entendu et
compris de tous le magnifique programme de *Rénovation
sociale* dont l'École fouriériste est la gardienne, programme qui s'étend en un même et lucide enchaînement à
tous les problèmes individuels et sociaux, depuis le Droit
à la vie, jusqu'au grand principe de l'Unité humaine, depuis
le plus humble enseignement jusqu'à la forme la plus
élevée du sentiment religieux et du culte qui doit en être
la meilleure expression.

Il est temps que le dépôt confié à l'École Sociétaire, qui
eut Fourier pour fondateur, sorte d'un cercle restreint de
fidèles, et c'est pour cela que nous avons eu la pensée de
présenter au public ce succinct résumé de l'histoire et des

doctrines de notre École, avec le plein espoir que la jeune génération présente contient un grand nombre de généreux esprits avides de vérité et de saine croyance, et à qui il ne manque que d'entrevoir les principes et le but du sociétarisme de Charles Fourier, pour désirer le connaître tout à fait et être bientôt des nôtres.

Ajoutons, pour finir, que, bien que notre doctrine touche nécessairement aux points les plus délicats de la question sociale et de la politique, nous n'appartenons à aucun parti, ni ne demandons rien à aucun.

L'Ecole Sociétaire reste sur le seul terrain des principes, et n'est animée que du plus ardent désir de travailler au bonheur de l'humanité par l'organisation du Bien public, qui actuellement existe si peu, et la destruction du Mal, qui, lui, règne encore en maître dans la société.

A. A.

HISTORIQUE

DE

L'ÉCOLE SOCIÉTAIRE

Fondée par Charles FOURIER

PREMIÈRE PARTIE

APERÇU HISTORIQUE

Au temps de la Révolution et de l'Empire, en cette terrible époque de convulsion et de refonte sociale, vivai en province, à Lyon, un homme de condition obscure. tenu à l'écart des événements, mais par cela même, peut-être, pouvant les juger avec une indépendance et une clairvoyance plus entières, et appliquer les extraordinaires facultés dont il était doué à pénétrer le secret des révolutions ou plutôt de la vaste évolution qui, dans l'ensemble des temps, embrasse la destinée entière de l'Humanité.

Cet homme, c'était Charles Fourier, né à Besançon le 7 avril 1772, fils de petits commerçants, adonné lui-même pour vivre à des occupations commerciales, mais néanmoins assez maître de son temps pour pouvoir employer une intelligence des plus extraordinaires qui furent jamais, aux études les plus différentes et ardues, et occuper son puissant esprit des plus grands et difficiles problèmes d'avenir social qui s'imposent à la pénétration humaine.

En 1808, à trente-six ans, Charles Fourier publiait son premier ouvrage, la *Théorie des Quatre Mouvements*, qui contient déjà en germe tous ceux qui suivirent ; œuvre étrange, inouïe, qui est déjà tout Fourier, avec son don de divination, ses éclairs de génie synthétique et aussi, faut-il le dire, ses hyperboles déconcertantes que nous devons savoir lui passer, comme on pardonne des écarts tout comparables aux plus grands hommes de l'histoire, et qui semblent être la rançon du génie.

Dans l'Aperçu théorique qui viendra après cette première partie, nous essaierons de résumer les côtés fondamentaux de la doctrine fouriériste. Ici nous nous en tiendrons surtout à passer en revue les phases diverses parcourues par l'histoire déjà longue de l'Ecole sociétaire, depuis la réunion de ses premiers disciples, jusqu'à ce jour, avec l'action personnelle qui lui a été imprimée par ses chefs après Fourier, et qui ont été Victor Considerant, le brillant apôtre du sociétarisme jusqu'à l'année 1855, puis son chef actuel, M. Hippolyte Destrem, qui a consacré tout un demi-siècle d'une laborieuse existence de penseur à épurer la théorie du maître dans ce qu'elle a d'abrupt, à l'agrandir et à la rendre pratique, sans qu'aucun de ses grands principes s'en trouve entamé.

Nous entreprendrons dès à présent toutefois, pour faire comprendre la foi absolue qu'eut le fondateur du sociétarisme dans ce qu'il appelait son *Invention du Procédé sociétaire*, de décrire en quoi consistait principalement l'idée phalanstérienne, émise d'abord dans le *Nouveau Monde industriel*, et lancée ensuite dans la Presse périodique avec le journal *la Réforme industrielle*, qui débuta le 1er juin 1832. La place importante que cette idée et les diverses tentatives d'application qui en furent faites, occupent dans le récit qui va suivre, nous font une obligation de traiter en même temps, au cours de cet historique, de ce fameux phalanstère qui a fait oublier à tort les principaux titres de Fourier, lesquels sont surtout les grandes lois passionnelles et organisatrices découvertes et formulées par lui, et que nous aborderons seulement dans la deuxième partie de ce travail.

Aux débuts de ce siècle, l'industrie était encore loin des développements et de l'organisation qu'elle a acquis de nos jours. Les énormes avantages de la division du travail, quant à l'économie et au rendement de la production, apparaissaient cependant déjà comme devant, par une judicieuse application, produire un accroissement considérable de richesse. Cette idée occupait déjà assez même les esprits à l'époque, pour que nous voyions produire, à une séance de juin 1830 de l'Académie des Sciences, un rapport de M. Moreau de Jonnès concluant à la possibilité d'élever au quadruple le rendement de la fortune publique, par la culture surtout et par l'industrie, au moyen de méthodes perfectionnées, à commencer par une intelligente division du travail. La raison et l'expérience démontrent en effet la vérité du principe. Toutefois cette même expérience a montré aussi l'envers des avantages de la division du travail et de la surabondance de production qu'elle procure. Mais ceci n'est qu'un côté de la question sur lequel nous reviendrons plus tard, et d'ailleurs Fourier portait ses vues bien au delà d'un simple fait de rendement agricole et industriel.

Déjà possesseur de la conception bien sienne de l'*Attraction passionnelle* par laquelle, s'écartant des voies anciennes des philosophies et des religions, il faisait de l'humanité non plus une simple juxtaposition d'individus qui ne peuvent vivre en paix que par une contrainte perpétuelle imposée aux passions et aux goûts les plus naturels de chacun, mais, au contraire, un grand Être synthétique dont les hommes sont, pour ainsi dire, les différentes molécules, au désordre des individualités sans entente réciproque, Fourier substituait l'*harmonie* des collectivités où il n'est pas de tendance, de passion personnelle qui n'aille à un but d'ensemble et n'ait son rôle tout désigné dans le mécanisme de la vie propre de l'Être social. Si les hommes, ous dissemblables entre eux, en sentiments, aptitudes, ambitions, passions, sont ainsi faits, c'est qu'une loi supérieure a donné un but, une destination à tous ces éléments individuels si divers, à ces passions incompressibles de leur nature. La future *harmonie* parfaite de l'humanité est ce but lointain pour lequel l'homme actuel est en travail de préparation. La marche de l'humanité, dans le temps et des milieux donnés, obéit en effet à une loi de développement dont les principales phases ou stations sociales sont l'*Edénisme*, la *Sauvagerie*, le *Patriarcat*, la *Barbarie*, la *Civilisation* (état actuel) qui seront suivis du *Garantisme*, du *Sociantisme*, puis enfin de l'*Harmonisme*. La première de ces phases est pour l'humanité un état d'enfance sociale, les quatre suivantes un temps de terribles luttes et de douloureuses épreuves, les trois dernières une ascension graduelle vers la perfection future des sociétés humaines. La théorie de l'évolution et du transformisme qui n'est apparue que récemment, Fourier, sans lui donner un nom spécial, la devine déjà et l'applique avec toutes ses conséquences à l'ensemble de son système.

C'est à l'avènement du *Garantisme* que nous devons nous efforcer d'abord de travailler, car les éléments actuels de nos sociétés européennes sont déjà suffisants pour permettre de réaliser, en majeure partie du moins, des conditions d'ordre et de bonheur très supérieures à ce que donne l'état subversif de civilisation auquel appartient encore notre époque.

Or Fourier, s'attachant plus particulièrement à envisager un avancement plus grand encore, a presque oublié le Garantisme et s'est complu surtout à approfondir la période harmonienne et l'organisation parfaite des sociétés solidarisées au plus haut degré possible. De là, la conception du *phalanstère*, premier degré d'association, première phalange d'essai *sociantiste* qu'il a crue déjà réalisable, en attendant les futures phalanges supérieures du pur *harmonisme*. Ce phalanstère du degré le plus simple doit cependant comprendre au minimum trois cents à quatre cents familles, nombre d'associés jugé juste suffisant pour que les aptitudes particulières puissent s'employer efficacement, et tous les caractères trouver leurs sympathiques et leurs contraires, leurs *accords* et *discords*, car les dissemblances elles-mêmes sont en jeu dans cette admirable science passionnelle dont Fourier a formulé les lois, telles que celles d'une science exacte comme la géométrie ou la physique.

Les côtés matériels de la vie, dans un phalanstère (mot créé par opposition à monastère), c'est-à-dire les conditions d'aliment, de vêtement, de travail et de salaire, se trouveront de suite transformés au grand avantage du peuple ; car déjà le seul principe de la division du travail, appliqué même aux soins du ménage, devra donner les plus admirables résultats. Au lieu des mêmes frais et labeurs également répétés dans quatre cents ménages, il y aura concentration par groupes de ménages des mêmes dépenses et travaux exécutés en commun, n'employant seulement qu'un petit nombre de personnes, avec l'économie énorme qui en sera la conséquence, puis naturellement, aussi, davantage de temps ouvrable laissé aux hommes et aux femmes exonérés de tous ces soins. C'est ainsi par exemple que l'entretien du soldat coûte quelques centimes par jour à la caserne, tandis que la même consommation en vivres, vêtements, feu et autres objets, coûterait au moins quatre fois plus dans la vie privée. Et ainsi de tout le reste.

Pourtant, au phalanstère il n'y a pas de communisme au sens qu'ont donné à ce mot certaines doctrines économiques. Chacun y conserve son indépendance et son bien propre, et n'est retenu que par son intérêt et son agrément. Les divisions par groupes et séries de groupes offrent une place à chaque position de fortune, aux divers mérites personnels, et chacun y recueille avec équité et proportion le fruit de sa peine, le produit de ses capacités ou le rendement de son avoir, car le phalanstère est établi sur la base économique du *capital*, du *talent* et du *travail*. Il est d'ailleurs monté par actions prises soit par les associés, soit par des prêteurs étrangers. Les bénéfices se distribuent ensuite par dividendes spéciaux affectés à chacune des trois bases : *Capital-actions, Travail* et *Talent.*

Pour ce qui est du mouvement des échanges, du commerce proprement dit, au lieu du système rapace et fourbe du commerce actuel qui rançonne en même temps le travailleur et le consommateur, Fourier veut des comptoirs mutuels ouverts à tous, producteurs et acheteurs, sans autres intermédiaires que les agents payés pour ce service public. Cette idée a reçu son plein développement dans l'École Sociétaire actuelle sous le nom de *Factoreries communales, cantonales* et *générales.* Ce que l'on appelle aujourd'hui la coopération n'est autre chose qu'une application de l'idée de Fourier, dans un ordre accessoire et dans des proportions très restreintes.

Il faut ajouter à ces divers avantages positifs une autre chose très importante : le contentement, le charme, parce que chacun n'aborde que le genre de travaux qui convient à sa nature et à ses inclinations, en conformité de l'*Attraction passionnelle*, et l'on n'y connaît ni la fatigue ni le dégoût, parce que l'organisation phalanstérienne série et divise partout les travaux par des changements fréquents et en de courtes séances où, avec un aussi grand nombre d'associés et de travaux communs, il y a place pour les tendances particulières les plus diverses.

Les premiers livres de Fourier passèrent d'abord presque inaperçus. Soit lassitude des esprits sollicités par tant d'autres théories sociales en une époque des plus fertiles en systèmes rénovateurs, soit inaptitude du public en général à apprécier les matières de cet ordre, toujours est-il que de longues années se passèrent sans que le nom de Charles Fourier sortît de l'obscurité. Seules quelques intelligences d'élite comprirent et s'enthousiasmèrent, et parmi elles, certains personnages assez haut placés pour que l'empereur Napoléon lui-même fût un jour sollicité de s'intéresser à la grande œuvre que proposait le hardi novateur. Mais c'était mal s'adresser. L'empereur avait d'autres visées qu'un aussi pacifique programme.

Heureusement, la science sociétaire pouvait attendre. Elle ne devait pas, comme tant de théories contemporaines, tomber dans un complet oubli. Un moment vint enfin où les théories de Fourier, et notamment l'idée phalanstérienne, apparurent au grand jour et se répandirent bientôt avec un certain éclat.

Nous sommes déjà au lendemain de la Révolution de 1830. Jusqu'alors Fourier avait eu seulement à peine quelques adhérents clairsemés.

Une fermentation nouvelle travaillait tous les esprits chercheurs d'une solution sociale. C'était l'époque où une pléiade de jeunes talents aux visées nobles et généreuses s'efforçait de répandre et mettre en pratique les théories de Saint-Simon, génie assez parallèle à Fourier, ayant le même sentiment collectif et solidaire de l'humanité et aussi la notion de ses développements et perfectionnements successifs à travers les siècles, mais en différant sensiblement par sa formule du progrès sans fin et par sa règle trop étroitement hiérarchique et autoritaire qui déprimait la personnalité et compromettait le principe de propriété jusqu'à l'abolition même de l'héritage individuel, ce qui était fausser un des principaux ressorts de l'activité et de la prospérité humaine. En outre, le caractère trop hâtif et personnel de religion nouvelle et de religion étroitement anthropomorphique que le saint-simonisme commençait à prendre par anticipation aux vues lointaines du maître, introduisait déjà la division entre les disciples, dont plusieurs se tournèrent du côté de Fourier, plus pratique, plus observateur de la nature passionnelle de l'homme et des droits individuels, plus précis dans sa formule des lois sociétaires, et plus séduisant avec ses projets de réalisation immédiate, par un phalanstère, d'un énorme avancement matériel autant que moral.

C'est dès ce moment-là que nous voyons se dessiner un mouvement fouriériste, et prendre corps une école de phalanstériens.

Le 1er juin 1832, paraît à Paris le journal *la Réforme*

Industrielle ou *le Phalanstère*. Il s'est trouvé et réuni un groupe important de brillants écrivains qui se mettent à l'œuvre pour instruire et entraîner l'opinion publique. Victor Considérant, l'un des talents les plus marquants de l'époque, est à leur tête.

Cette première moitié de notre siècle a cela pour elle qu'une grande hauteur de sentiment, un profond désintérêt se remarque fréquemment chez les hommes qui l'ont illustrée. Victor Considérant fut un de ces hommes qui se dévouent tout entiers à leur idéal. Pénétré à l'égal du maître de l'évidence des principes sociétaires, il mit tout, facultés, position et fortune, au service de ses convictions. Ses facultés éminentes, il les dépensa sans compter ; sa fortune, dont il ne fut pas plus avare, fut en bonne partie employée à un apostolat qui, pas plus que toute autre œuvre publique, ne pouvait se passer d'argent ; sa position et son avenir d'officier du génie, il les sacrifia ; il donna sa démission pour être absolument libre de son temps et de sa plume et commença par ouvrir à Metz le premier cours public de la théorie fouriériste. Considérant fut le créateur effectif de l'Ecole Sociétaire, qui, par ses efforts et sous son active direction, arriva à réunir, à un moment, un total de plus de trois mille adhérents.

De la plume alerte, spirituelle et souvent incisive du second chef du sociétarisme, devaient sortir, outre quantité d'articles de presse périodique, de substantiels ouvrages de fonds comme *la Destinée sociale*, *Manifeste de l'École Sociétaire*, *Exposition du Système de Fourier*, *Principes du Socialisme*, *Théorie du Droit de Propriété* et du *Droit au travail*, *le Socialisme devant le Vieux-Monde*, etc.

Le journal *la Réforme industrielle* débute par un magistral article d'introduction signé de Victor Considérant et de Jules Lechevalier, esprit de premier ordre et un des transfuges les plus loyaux du saint-simonisme :

« Le Phalanstère, y est-il dit, sera le premier noyau de la société nouvelle... En commençant par les prolétaires, par ceux qui ont besoin, sans exiger du riche aucun sacrifice et en lui promettant du profit, nous allons essayer de changer les conditions d'alimentation, de vêtement, de logement, de salaire et de travail de la classe pauvre, etc. »

Que l'erreur, que l'utopie parfois se glisse à côté du vrai et du réalisable dans les menus détails d'un aussi vaste programme, c'est fort possible. Mais il n'est pas une seule ligne dans toute la collection de la *Réforme industrielle* qui ne respire le pur amour du bien, l'horreur de la perversité et de l'arbitraire, le plus profond sentiment de commisération et de fraternelle sympathie envers les millions de Français qui peinent et qui souffrent sans pouvoir sortir d'une poignante misère, tandis qu'il suffirait d'un meilleur système d'organisation du travail et de répartition de ses produits, pour qu'au dénuement, à la souffrance, à l'immoralité, à la révolte, succédassent bientôt la vie facile, la joie, l'honneur et la paix dans les familles et dans la société.

Parmi les principaux collaborateurs de Considérant, se lisent les signatures de : AYNARD DE LA TOUR DU PIN, BAUDET-DULARY, BUREAU, GUILLEMIN, Jules LECHEVALIER, LEMOYNE, JUST-MUIRON, Amédée PAGET, Charles PECQUEUR, Charles PELLARIN, Alphonse TAMISIER, Abel TRANSON, TRIPONT, HAUGER, MAURIZÉ, Hippolyte RENAUD, Mme CLARISSE VIGOUREUX, etc.

Charles Fourier prend lui-même la plus large part à la rédaction, et résume les côtés les plus essentiels de ses théories en de longs articles toujours neufs, vigoureux et attachants.

Dans le premier numéro de *la Réforme industrielle*, il commence ainsi : « Cette fondation a pour but de réaliser le bien que tant de sophistes ont promis, l'art d'associer des masses de trois à quatre cents familles inégales en fortune et réunissant les diverses branches d'industrie, *culture, fabrique, ménage, éducation, sciences et arts.* Elles sont exercées séparément dans la société actuelle, qui a le vice de morceler les cultures, établir autant d'exploitations incohérentes qu'il y a de familles, décupler les frais de ménage et exciter la répugnance pour le travail.

Une condition essentielle de l'industrie sociétaire est de rendre les travaux agréables dans toutes fonctions et d'élever l'attrait industriel au degré suffisant pour charmer et entraîner toutes les classes de la société. On ne saurait douter des immenses services que donnerait le travail sociétaire si l'on connaissait les moyens de concilier les inégalités de fortune et de rétribuer chacun d'une manière satisfaisante, en distinguant la triple base du *capital*, du *travail* et du *talent* et en affectant des dividendes spéciaux à chacune de ces trois bases, etc. »

Victor Considérant, de son côté, au point de vue passionnel, explique en quelques lignes les hautes raisons qui président à la méthode nouvelle :

« Charles Fourier, dit-il, suit une règle analogue à celle de la solution d'un problème mathématique. L'homme, avec son organisme, est la donnée du problème, la forme sociale en est l'inconnue. Elle doit être déterminée par les conditions du libre développement de chaque passion. Les passions sont des forces. La forme sociale en est le mécanisme dans lequel elles doivent jouer. Fourier veut le déterminer de telle sorte qu'il n'y ait ni choc, ni frottement, ni perte de force vive. La seule différence entre lui et les législateurs et moralistes, c'est que ceux-ci prennent le mécanisme social tel qu'ils le trouvent et cherchent par des procédés de contrainte à amortir les forces qui y produisent des chocs, tandis qu'il en cherche un, lui, qui les utilise toutes. Ceux-ci veulent plier l'homme à la forme sociale ; celui-là veut plier la forme sociale à l'homme. »

Le projet était séduisant, et de tous côtés la curiosité s'éveilla. Les journaux de Paris et de la province le discutèrent, et quelques-uns, tels que le *Breton*, le *Précurseur de Lyon*, le *Journal de Maine-et-Loire*, l'*Echo de l'Est*, le *Lexovien*, l'*Industriel calaisien*, le *Journal de l'Aisne*, l'*Impartial de Besançon*, l'*Abeille Picarde*, l'appuyèrent chaudement. « La sagesse divine, dit déjà le *Journal de la Côte d'Or*, à la date du 15 août 1832, qui a si bien organisé la société des animaux, telles que celles des abeilles, des fourmis, des castors, etc., n'a pu refuser à l'homme les mêmes avantages. Le moyen de les acquérir existe donc, il ne s'agit que de le trouver. Si jusqu'à présent on a fait de vains efforts pour y parvenir, c'est qu'on l'a cherché où il n'était pas. Il était réservé à M. Charles Fourier de résoudre ce grand problème, d'enrichir le monde de la plus utile découverte dont le génie puisse se glorifier. »

De la théorie, cependant, il s'agissait de passer à la pratique. Il s'agissait de créer cette première *unité sociétaire* dont l'exemple ne pouvait manquer, d'après l'auteur, de provoquer de toutes parts des associations du même système et, de proche en proche, transformer toute la France, d'où l'ordre sociétaire se répandrait bientôt non seulement en Europe, mais même sur le globe tout entier, à des degrés de perfectionnements divers, selon les phases d'avancement évolutif où se trouvent actuellement les différents peuples.

La phalange d'essai, pour plusieurs raisons pratiques, ne devait être tentée qu'à un degré pris dans les plus élémentaires de la série ; car pour Fourier le mécanisme sociétaire est susceptible de dix-huit degrés ou échelons, dont il croit quatorze praticables avec les moyens actuels de l'industrie. Or il s'en tenait, pour le début, parmi ces quatorze échelons possibles, au troisième seulement, celui de l'association simple, qui n'opère que sur la classe pauvre, plus maniable et qui a tout à gagner à changer de condition.

Vingt millions de Français vivent d'une existence précaire, au jour le jour. Quel bienfait ne serait-ce pas d'amener cette masse si intéressante à un état tout nouveau de vie assurée et de bien-être relatif ! Que de problèmes sociaux d'ordre capital et paraissant au premier abord insolubles touchant la moralité, l'instruction, la paix publique, qui se trouveraient résolus du coup par l'extinction de la misère et par les garanties effectives entourant, depuis la naissance jusqu'à la mort, l'existence de tous les citoyens de la nation, du premier au dernier !

Au lieu de l'anarchie actuelle, une véritable organisation solidaire, une forme sociale nouvelle élevant à un degré supérieur de vie intestine l'Etre-nation intégral, avec sa hiérarchie constitutionnelle d'organes distincts qui ont leurs rôles particuliers, leur subordination et leurs rapports mutuels, fonctionnant en parfaite harmonie dans la grande unité française, comprenant l'ensemble de ces divers organes, c'est-à-dire la totalité des phalanges nationales.

L'élément organique de premier ordre, remplaçant le village actuel, serait alors la phalange sociétaire, association de trois cents à quatre cents familles inégales, étendant son action sur un terrain déterminé, et au sein de laquelle les travaux combinés et unitairement dirigés se porteraient sur l'agriculture, l'industrie manufacturière et domestique, les sciences, les arts, etc.

Une ville, élément de second ordre, serait le centre d'un certain nombre de phalanges. Ces villes, éléments de second ordre, se grouperaient elles-mêmes en satellites autour des villes plus considérables, et ainsi de suite, en passant par les capitales de nations, jusqu'à la capitale unique du *Globe*, centre de relations de l'*Unité sphérique*.

Partout la relation et la hiérarchie, mais partout aussi une autonomie relative, une individualité de groupement, toute l'indépendance possible même du simple individu qui n'abdique jamais son libre arbitre et sa personnalité.

La phalange considérée en elle-même et à part, est donc aussi une unité qui a ses subdivisions en séries, groupes et sous-groupes. Si l'on compare la phalange à un régiment, la série représente le bataillon, le groupe la compagnie et le sous-groupe l'escouade. Tous les avantages et toutes les garanties de la répartition collective, sans la contrainte et les rigueurs de la discipline militaire où préside surtout la force, parce que dans l'organisation sociétaire, c'est l'attraction passionnelle, l'inclination naturelle de chaque membre qui le dirige vers le genre de travaux qui lui revient, le case à la place même qui est véritablement sienne et où il trouve, avec l'équilibre moral, toute la satisfaction, tout le bonheur pour lequel il est fait.

Le premier essai proposé, avons-nous dit, devait porter sur une des formes les plus simples, ayant pour base d'existence l'industrie agricole. Il s'agissait donc de réunir un grand nombre de familles et un capital proportionné à l'entreprise.

Un ardent et dévoué instigateur se trouva en la personne de M. *Baudet-Dulary*, député de Seine-et-Oise, à qui se joignit M. *Devay*, propriétaire rural. Ces deux hommes d'initiative doivent être considérés comme les fondateurs du premier essai de Colonie Sociétaire, nom qu'ils préférèrent à celui de *phalange* comme plus courant et approprié aux usages.

La *Réforme Industrielle* du 22 novembre 1832 annonce formellement cette fondation, qui se conformera aux règles du sociétarisme formulées par Charles Fourier, du moins en ses points les plus fondamentaux :

1° La Colonie est à base d'association et non à base de morcellement.

2° Les travaux seront organisés en groupes et séries, exécutés en courtes séances à l'option des sociétaires.

3° Les travaux de fabrique, culture, ménage, éducation, commerce, sciences et arts seront réunis dans un même foyer et pratiqués sociétairement.

4° La répartition entre associés remplacera le salaire, et sera proportionnelle à la mise de chacun en *capital, travail* et *talent* (1).

5° Plus de cent familles seront réunies : hommes, femmes, enfants interviennent dans la société.

Suit le projet d'Acte de la Société pour l'exploitation agricole et manufacturière d'un terrain de 500 hectares, situé dans la commune de Condé-sur-Vesgre (Seine-et-Oise)

---

(1) Fourier admet, comme répartition équitable des bénéfices, les proportions suivantes :
4/12 au Capital, 5/12 au Travail et 3/12 au Talent.

et avec la disposition d'un fonds social de 1,200,000 francs. Les ouvriers, les employés et les gérants doivent tous être actionnaires en capital, et pour leur en faciliter les moyens, il sera formé des coupons d'un minimum de 100 francs, en conformité de la pensée de Fourier, qui veut élever le peuple au rang de *propriétaire* et qui institue dans le capital d'une phalange trois ordres d'actions : les banquières, les foncières et les ouvrières. Des ouvriers pourront être admis comme salariés jusqu'à ce qu'ils aient gagné de quoi acheter un coupon d'action.

La Société pourvoira à l'éducation des enfants et à leur apprentissage professionnel selon les instincts constatés. Les malades et invalides seront soutenus aux frais de la colonie s'ils manquent de ressources personnelles. La colonie se suffira à elle-même toutes les fois qu'elle y aura bénéfice, par exemple en boucherie, tannerie, ferronnerie, poterie, bâtisse, habillement, etc. Un magasin de la colonie, dirigé par un sociétaire, remplira tous les besoins d'achat et de vente à prix fixe pour le dehors aussi bien que pour le dedans.

La colonie sera dirigée par quatre gérants : MM. Devay, Just-Muiron, V. Considérant et A. Transon, placés eux-mêmes sous la surveillance d'un comité de syndics. Elle a pour caissier M. P. Vigoureux, et elle aura M. J. Lechevalier comme directeur du nouveau journal, *la Phalange*, remplaçant *la Réforme industrielle*.

L'acte même fut dressé trois mois plus tard, après quelques restrictions auxquelles obligeait certaine pénurie des ressources, car l'appui matériel était loin d'aller de pair avec l'appui moral des partisans de l'expérience. A la date du 16 décembre 1833, la colonie de Condé n'avait pour capital que 485,453 francs au lieu des 1,200,000 demandés. Quant au nombre des sociétaires, réduit déjà dans le projet à 100 ménages au lieu des 300 minimum voulus pour le bien du système, il n'atteignait pas, même après plusieurs mois d'existence de la colonie, à plus de 150 ouvriers, à peu près tous salariés.

La colonie ainsi réduite se ramenait donc à une entreprise différant peu des exploitations ordinaires, sans en avoir les avantages, et, malgré tout le bon vouloir des directeurs, parmi lesquels manquait peut-être aussi un véritable praticien, elle ne pouvait que languir sans rien donner des résultats exceptionnels et spéciaux qu'on en attendait. Elle traîna ainsi quelques années et s'éteignit sans avoir fourni la preuve promise, empêchée qu'elle avait été d'ailleurs de se constituer sur les bases mêmes les plus élémentaires du projet phalanstérien.

C'est au cours de tant d'efforts, d'appels aux capitalistes et de sollicitations aux colons, démarches auxquelles capitaux et volontaires répondaient si peu, que mourait (1) Charles Fourier dans l'amertume de la non-réussite et du découragement. Malade et affaibli, gardant à son habitude une existence retirée et solitaire, autant que ses obligations professionnelles le lui permettaient, on ne l'apercevait plus depuis quelque temps, lorsqu'un matin on le trouva gisant inanimé au pied de son lit. Ainsi s'éteignait obscurément cette existence si grande par les œuvres de la pensée, si humble par sa condition sociale ; car, toute sa vie, Fourier occupa, pour vivre, de modestes emplois dans le commerce. Vers ses derniers temps encore, il faisait la correspondance d'une grande maison étrangère.

Ceux qui l'ont connu le dépeignent comme étant d'un caractère un peu taciturne, portant sur son visage au front vaste, au regard profond, à la lèvre plissée par la méditation et par les amertumes subies, tous les signes extérieurs de la supériorité morale et intellectuelle. Ses dernières années furent pourtant adoucies par les soins et l'affection d'un entourage de disciples respectueux et dévoués, mais en dehors desquels il restait un génie méconnu. Cet homme devançait trop son siècle, avait vu trop

---

(1) Charles Fourier est mort le 9 octobre 1837 à Paris, où il habitait, petite rue Saint-Pierre Montmartre, aujourd'hui rue Paul-Lelong.

avant pour être suffisamment compris de ses contemporains.

Les essais sociétaires qui suivirent, les discussions qu'ils soulevèrent, l'application heureuse, bien que partielle, de certains côtés des théories phalanstériennes, formèrent toutefois un courant d'idées assez sérieux pour que ce siècle ait vu et voie de plus en plus appliquer ces principes, sans que d'ailleurs aucun honneur en soit jamais fait à leur premier inspirateur, tantôt à des établissements publics ou à des sociétés particulières, tantôt à des créations commerciales comme les grands magasins et bazars de nos jours, où le principe qui devait produire l'avantage et le bien de tous est escamoté au seul bénéfice des entrepreneurs, dont les fortunes, d'une énormité scandaleuse, s'édifient en peu d'années sur la ruine de cent industries tuées par leur accaparement.

Pauvre grand homme! qui lui eût dit qu'il n'avait conçu la grande et philanthropique idée des comptoirs mutuels que pour la voir appliquer, en la dénaturant, à l'avilissement et au discrédit de l'industrie nationale, et pour le pléthorique engraissement de monstres commerciaux qui non seulement vivront bientôt seuls, se suffisant à eux seuls, mais ne payent déjà pas l'impôt de ceux qu'ils ont tués, lésant ainsi les droits de l'État autant que ceux des particuliers !

Et ce n'est pas seulement le côté purement commercial que voulait moraliser Fourier. En ne cessant de s'élever contre la fourberie ordinaire du commerce, il ne visait pas moins les fraudes et adultérations des denrées, déjà largement pratiquées de son temps. Qu'eût-il dit, grands dieux ! de notre chimie alimentaire, des sophistications courantes non seulement avouées et tolérées, mais même encouragées par nos expositions nationales, qui récompensent des chocolats de glands doux, des liqueurs à base d'alcool industriel, des farines décomposées ou doublées de poussières malsaines, les minoteries étant uniquement des entreprises de fraudes ; des bières, des vins indignement cuisinés puis salycilatés pour arrêter des décompositions certaines ; une foule de produits plus louches les uns que les autres, malgré le plus séduisant aspect extérieur. Et le pis est que le commerce qui veut être honnête est battu d'avance et empêché par les bas prix de la sophistication.

Outre cela, que dire aussi du grand commerce *intermédiaire* qui, par l'accaparement général du trafic des bestiaux, des vins, des principaux produits naturels, a rompu les anciens rapports de l'éleveur et du boucher, du meunier et du boulanger, se rendant maître d'imposer ses bas prix d'achat et ses hauts prix de vente (sans compter le bénéfice des adultérations en grande échelle des farines, vins, etc.), au grand étonnement du consommateur, qui ne comprend pas pourqui il ne profite jamais des fortes baisses qui se produisent de temps à autre dans la valeur primitive de ces produits, sans que pour cela ses fournisseurs ordinaires gagnent davantage, tenus qu'ils sont par les marchés passés forcément d'avance avec les gros *intermédiaires* qui, eux, s'enrichissent dans des proportions qui constituent un véritable scandale.

Signalons également, sans nous étendre davantage sur les grands abus commerciaux, le fait, dont des nations entières sont tour à tour victimes, de tirer des mains du public l'or et l'argent monnayés qui ont une valeur intrinsèque, pour les remplacer par un papier qui finit un beau jour par ne plus guère valoir que son pesant de papier. Il n'y a pas de subtile théorie fiduciaire qui fasse que le particulier qui possédait mille francs d'or valant toujours mille francs, auxquels on lui substitue un papier qui ne vaut bientôt plus que partie de cette valeur, n'ait été, lui, particulier, volé de la différence que cela fait avec ses anciens mille francs, artificieusement drainés à temps par les grands faiseurs de la finance. Que ce fait se soit produit graduellement ou tout d'un coup, il reste le même pour l'ensemble de la nation.

Et pourquoi ne pas rappeler également que la loi qui défend le petit jeu du hasard des cartes permet le grand jeu à coup sûr de la **Bourse** et de l'agio, avec ses splendides coups de filets, toujours au profit des mêmes écumeurs de l'épargne publique ?

Voilà ce qu'en civilisation l'on respecte sous le nom de liberté commerciale.

L'expérimentation d'une phalange sociétaire, dans les entières conditions proposées par Fourier, n'a jamais été véritablement effectuée, pas plus dans les tentatives postérieures à l'essai de Condé-sur-Vesgre, et dont nous allons parler aussi, que dans celle que nous venons de relater.

La théorie si raisonnée, si humaine, si séduisante, est-elle cependant chose pratique ? Est-il possible d'associer, d'harmoniser complètement en leurs intérêts, leurs caractères, leurs aptitudes, leurs passions, des groupes d'hommes, de familles, volontairement entraînés dans une aussi gigantesque expérience ? N'est-ce pas trop présumer des égoïsmes, des préventions, des faiblesses, des imperfections de toute nature des hommes tels que nous les voyons, et que la force ou la nécessité seule a pu jusqu'ici organiser et discipliner ? En cela aussi Fourier n'a-t-il pas eu la vision trop lointaine d'une humanité future bien autrement avancée en progrès moral, en développement spécifique que ne l'est encore la nôtre ?

En attendant, nous affirmons que, s'en tenant à quelques côtés seulement de la vaste idée fouriériste, il y a des avantages moraux et matériels énormes à retirer de la sociétarisation, sur de nouvelles bases, des populations actuelles, que divise et appauvrit l'état anarchique et contraint dans lequel elles vivent sous notre régime de civilisation.

Ces bases, notre École Sociétaire les enseigne. Ce sont celles qui inaugureront la période de garantisme qui doit remplacer celle de civilisation par laquelle se termine la série des temps subversifs. Leur premier effet sera de faire rapidement disparaître, à mesure de leur application, les *neuf fléaux* de subversion sociale : *Indigence, Fourberie, Oppression, Guerre, Intempéries outrées, Maladies pro-*

voquées, *Cercle vicieux* ou *Obscurités dogmatiques*, *Egoïsme général*, *Duplicité d'action*, c'est-à-dire le MAL, et de les remplacer par les *neuf biens* opposés : *Richesse générale et graduée*, *Vérité pratique*, *Liberté effective*, *Paix perpétuelle*, *Températures équilibrées*, *Hygiène préventive*, *Progrès constant*, *Philanthropie — Solidarité*, *Unité d'action*, c'est-à-dire le BIEN.

Il est visible pour tous les yeux que notre société française et européenne se décompose rapidement, qu'elle présente tous les caractères de démoralisation, d'affolement des esprits, de subversions de principe, d'avilissement des pouvoirs publics des sociétés qui finissent (1).

Son terme approche. Une poussée souterraine irrésistible fait déjà craquer de toutes parts le faux ordre social qui nous gouverne. Soit mouvement pacifique, soit révolution violente, il est fatal que les couches profondes du peuple, non gangrenées, elles, hâtons-nous de le dire, comme ce qui n'en est que la superficie, émergent de cette pestilence et se substituent à l'organisme déchu d'où la force et la vie se retirent de plus en plus et que rongent de toutes parts les parasitismes les plus hideux.

Une évolution sociale toute nouvelle se prépare. Ces choses sont fatales, répétons-nous. Elles sont gouvernées par des lois supérieures d'évolution humaine auxquelles nos volontés ne peuvent presque rien. Mais le génie, avons-nous dit, les peut prévoir, en peut deviner les destins et en dessiner d'avance des plans très approchés.

---

(1) A l'heure où nous traçons ces lignes, les premiers magistrats du pays déclarent définitivement innocents des hommes qui ont détourné un milliard de la destination pour laquelle il avait été prêté par les souscripteurs du Panama, ou qui se sont approprié personnellement des millions qui ne leur appartenaient pas. C'est la même magistrature suprême qui absout de colossales malversations et ménage les infamies et les trahisons phénoménales de coquins qui ont su se rendre redoutables. Et il y a un autre véritable pouvoir public, les maîtres de la Presse, presque tout entière au service des exploitations et des fraudes assez en fonds pour la bien payer. Nous disons les maîtres et non la Presse tout court, parce que nous ne confondons pas l'écrivain, victime lui-même le plus souvent, avec le commerce de l'entrepreneur de publicité et d'endoctrinement politique.

Charles Fourier a eu cette vision géniale. Il a prolongé très loin vers l'inconnu de l'avenir les lignes de développement virtuellement indiquées par l'histoire du passé humain. Et, pour ce qui concerne le temps présent, celui qui nous intéresse le plus, il a, dès les premières années de ce siècle, prévu tous les grands excès économiques et physiologiques même que la génération actuelle à vus naître. Il les a décrits dans *le Nouveau Monde industriel* (p. 415 et suite), sous le titre des *Vingt-quatre caractères de dégénérescence de la civilisation* en troisième phase dont voici les principaux :

« *Centralisation politique.* Les capitales, transformées en gouffres qui absorbent toutes les ressources, attirent tous les riches à l'agiotage et font dédaigner de plus en plus l'agriculture. »

« *Progrès de la fiscalité*, des systèmes d'extorsion, anticipation, art de dévorer l'avenir. Necker en 1788 ne savait où prendre 50 millions de déficit annuel. Aujourd'hui (1821) on sait ajouter, non pas 50, mais 500 millions au budget de 1788. »

Que dirait Fourier s'il voyait nos 3 milliards et demi, de budget et nos 32 milliards de dette!

« *Chute des corps intermédiaires*, États provinciaux, corporations, qui opposaient des barrières au pouvoir, à l'omnipotence bureaucratique aujourd'hui illimitée. »

« *Spoliation des communes*, vilainement compensée par les octrois, qui fatiguent l'industrie, désaffectionnent le peuple des villes et provoquent toutes les fraudes mercantiles, tous les empoisonnements légaux. »

« *Instabilité des institutions*, frappées d'impuissance et contrariées par le manque de méthodes justes en toutes branches d'administration. »

« *Imminence de schisme religieux* pouvant produire des guerres civiles. » C'est ce dont nous sommes témoins avec la lutte acharnée et stérile des Églises et de la Franc-Maçonnerie.

« *Guerre intestine*, discordes fomentées par l'ignorance

de la politique sociale, qui ne sait inventer aucune voie de conciliation. »

« *Progrès de l'esprit mercantile*, agiotage érigé en puissance qui se rit des lois, envahit tout le fruit de l'industrie, entre en partage d'autorité avec le gouvernement et répand partout la frénésie du jeu. » Nos grands mandarins de la Finance et de la Bourse ne réalisent, ne dépassent-ils pas même à présent les proportions prévues de ce monstrueux envahissement ?

« *Mœurs du siècle de Tibère* : Espionnage, délations secrètes, progrès visibles de l'hypocrisie, de la bassesse, et des vices inhérents à l'esprit de parti. »

« *Jacobinisme communiqué.* Les partis qui l'ont combattu en ont adopté toute la tactique. L'art de fabriquer des conspirations, de raffiner en calomnie, est devenu général, et a enlevé au caractère des modernes le peu de noblesse qui lui restait. »

« *Tactique destructive* ou accélératrice qui double les ravages de guerre et fait renaître des coutumes barbares. » Encore une réalisation actuelle qui a dépassé toute prévision possible.

« *Tendance au tartarisme* par les conscriptions et mobilisations déjà établies en Prusse, méthode qui, une fois introduite en quelques empires, obligera tous les autres à adopter, par mesure de sûreté, cette organisation tartare. » Que n'avons-nous adopté à temps en France cette fatale méthode, faute de laquelle nos armées se sont vues écrasées par des forces trois fois supérieures !

Suit l'énumération de fléaux moins marquants complétant la description des vingt-quatre annoncés sur lesquels vingt et un se sont réalisés selon la prédiction littérale.

Et à cette liste néfaste il y aurait encore à ajouter d'autres signes non moins graves de la dégénérescence de l'époque.

Que dire, par exemple, de l'effroyable statistique suivante : 45,000 cas annuels de criminalité en 1825, 210,000 aujourd'hui ; 1,750 suicides annuels en 1825, plus de 8,000 aujourd'hui, soit la criminalité et les suicides portés au *quintuple* depuis un demi-siècle !

La prévision des maux qui s'avançaient sur la société française eût été chose vaine, si en même temps le voyant n'eût annoncé les biens qui en seraient la compensation, et indiqué les voies et moyens qui en faciliteraient l'avènement, en employant dans le meilleur sens la part de libre arbitre et de volonté active dont l'homme dispose au milieu même du fatalisme qui n'est que l'exécution d'un plan universel, sous l'action d'une volonté et d'une puissance supra-terrestres ou divines, dont l'homme lui-même participe par ses origines.

L'École Sociétaire a recueilli pour l'étudier et la développer encore la doctrine du maître. Elle est témoin depuis trois quarts de siècle des erreurs, des reculs, des fausses voies où se débattent les opinions et les partis. Elle sait que les passions, les convoitises, les rivalités actuelles, peuvent retarder encore la réalisation effective des bons principes. Mais, s'il est vrai que la vérité se suffise assez elle-même pour prévaloir tôt ou tard, l'École Sociétaire, qui ne recherche que la vérité, a confiance dans son triomphe prochain. Nous présenterons au lecteur les principaux traits de la réforme sociale nécessaire, dans les dernières pages de ce travail, telle qu'elle ressort de la doctrine fouriériste, avec ses ultimes conséquences sociologiques et politiques ; telle qu'un récent ouvrage absolument capital, œuvre de son chef actuel, la condense sous la forme la plus complète et en même temps la plus pratique qui pouvait lui être donnée, celle d'une véritable *constitution* organique de la France future, embrassant les plus hautes synthèses sociales et descendant jusqu'à de simples détails juridiques.

Car notre École ne s'immobilise pas dans la seule œuvre de son fondateur. Elle marche, elle développe sa théorie, elle a un programme qui se remplit peu à peu. Et d'autres travaux vont suivre qui éclaireront la sociologie scientifique d'une lumière de vérité assez éclatante pour dessiller tous les yeux.

Mais reprenons le récit que viennent d'interrompre les quelques lignes d'hommages que nous devions, à cette place, à l'immortel fondateur de la science sociologique.

Après la mort de Charles Fourier, ses disciples n'en continuèrent pas moins courageusement la tâche poursuivie par la plume dans *la Phalange*, et par l'outil à Condé-sur-Vesgre. On a vu déjà que le succès ne répondit pas malheureusement aux efforts dépensés. Mais la foi en la théorie phalanstérienne n'en restait pas moins entière encore chez les disciples.

Victor Considérant, le chef enthousiaste autour de qui gravita plus de vingt ans un groupe nombreux de sociétaires convaincus, désintéressés et animés du plus grand amour de l'humanité, ne cessa de prôner *l'organisation d'une alvéole de la Société Nouvelle, d'une commune associée, solution élémentaire de tous les problèmes sociaux.*

Il a, pour défendre avec lui le dépôt précieux des idées nouvelles, le concours de MM. CANTAGREL, son ami et son émule, auteur d'ouvrages déjà conçus dans les idées fouriéristes, entres autres *le Fou du Palais-Royal*, qui fut un succès ; Just MUIRON, qui dès 1814 s'était déclaré sociétariste et avait même tenté de fonder à Besançon un comptoir communal, Alphonse TOUSSENEL, le spirituel auteur de l'*Esprit des Bêtes* ; HENNEQUIN, que l'excès de travail tua avant l'heure ; BARRAL, le savant chimiste ; Allyre BUREAU, César DALY, LAVERDANT, Amédée PAGET, Jules DUVAL, Raoul BOUDON, Wladimir GAGNEUR, Jules DELBRUCK, Antony MERAY, Eugène NUS, GODIN, avec la plupart des phalanstériens de la première heure déjà nommés quand nous avons parlé de la *Réforme industrielle.*

Parmi les propagateurs zélés, nommons aussi GALLIEN, VERAN SABRAN, GRIESS-TRAUTT, dont la compagne dévouée continue la tradition, et notamment le docteur BARRIER, qui tenta plus tard une résurrection de l'École interrompue par sa mort ; enfin LAVIRON, P. GÉRAUD, qui vivent encore, et, chargés d'années, luttent toujours avec l'ardeur de la jeunesse.

Ici il importe de mentionner l'entrée dans l'École, en l'année 1842, d'un homme qui devait plus tard y jouer un rôle capital. Nous voulons parler de M. HIPPOLYTE DESTREM, que dès la plus tendre jeunesse la pente naturelle de son esprit entraînait déjà vers les études philosophiques et sociales, et qu'aucun système n'avait complètement satisfait, jusqu'au jour où, ayant connu les travaux de Fourier et de ses premiers disciples, il comprit aussitôt que là seul devait être pour lui la vérité cherchée, la pensée du progrès humain indéfini. Dans l'ardeur de ses vingt-six ans, il courut se présenter aux directeurs de *la Phalange* et demanda à être complètement initié aux doctrines de l'École Sociétaire, dont un examen approfondi le convainquit qu'elles dépassaient en effet toutes les doctrines antérieures. Dès ce jour le sociétarisme eut en M. Hippolyte Destrem son adepte le plus fervent et le plus désintéressé, lui donnant le concours de sa plume de philosophe et d'économiste avec tout le zèle que pouvaient lui permettre ses occupations professionnelles de simple employé qu'il était alors dans la banque Laffite, dont le nom est resté célèbre. Il prit vite rang à l'avant-garde de l'École et fut, au bout de peu de temps, nommé membre des deux conseils institués dans son sein où, il faut le dire, fidèle avant tout aux purs principes sociétaristes, il n'approuva pas toujours les voies où l'Ecole s'engageait. Mais n'anticipons pas.

En attendant qu'une expérience mieux conduite que la première pût être quelque jour entreprise, Considérant se fit l'ardent apôtre des théories d'un maître qu'il savait juger en même temps que suivre et honorer. « Voilà quarante ans, écrivait-il en 1848, que notre maître, ce grand homme qui, sans doute, a commis des erreurs comme tous les hommes, mais n'en est pas moins le plus grand génie des temps modernes et le père du socialisme scientifique, voilà quarante ans que Charles Fourier a annoncé au monde la découverte de la loi d'*Harmonie*. Vous savez quel compte le monde lui a tenu de ses travaux. Cela doit-il

nous surprendre ? Qu'est-ce qu'une vie d'homme pour combattre la subversion séculaire étendue sur le monde entier?
La loi de la subversion et du mal s'est appliquée sur lui
dans toute sa rigueur. Victime auguste, il nous a laissé
l'œuvre à achever et le reste du calice à boire. »

Victor Considérant ne devait pas faillir à l'engagement
qu'il prenait par ces paroles, et il lui était réservé de boire
à son tour une large part du calice.

Un esprit de sa valeur ne pouvait manquer d'imprimer à
l'Ecole Sociétaire une certaine pente personnelle. Nous le
voyons en 1843 substituer au journal *la Phalange* un
organe d'un caractère moins spécial, *la Démocratie Pacifique*, où, à la théorie purement sociologique et phalanstérienne, se mêlent à présent des vues, des tendances d'ordre
politique, tendances, disons-le, qui devaient avoir de désas-
treuses conséquences.

Considérant jusqu'alors a eu le concours de l'École tout
entière. Les mêmes écrivains sociétaristes signent les
premiers articles de *la Démocratie Pacifique*, mais l'accord commence à ne plus être aussi complet. La Société du
nouveau journal, fondé pourtant au capital de 200,000 francs,
loin de prospérer, s'obère bientôt de plus en plus. Elle a de
lourdes charges à supporter, et Considérant, épuisé par ses
sacrifices antérieurs, donne une direction nouvelle à son
activité.

C'était l'époque où travaillaient dans l'ombre au renver-
sement de la royauté les sociétés secrètes dont Blanqui,
Barbès, Sobrier, Caussidière étaient les chefs avérés. Ces
sociétés étaient toutes communistes, sans rien connaître
des grands principes de Fourier, qui n'a jamais cru à la
valeur sérieuse et durable du procédé révolutionnaire, et
n'apprécie que la valeur du moyen scientifique. C'est la
même époque qui a vu naître le mot *Socialisme*, inconnu
jusqu'alors. Louis Reybaud et Pierre Leroux revendiquent
l'un et l'autre la paternité du mot socialisme, dont les
communistes s'emparèrent aussitôt. Voyant que le communisme les discréditait dans l'opinion, ces sociétés prirent

le nom de socialistes, qui leur parut moins inquiétant pour les yeux du public, de même que nous avons vu de nos jours les communistes actuels s'intituler collectivistes.

Or Considérant et Cantagrel crurent devoir s'unir avec ces communistes, rebaptisés du nom de socialistes, et c'est dès lors qu'on les voit employer eux-mêmes, dans leurs paroles et leurs écrits, le terme nouveau. *La Démocratie pacifique*, au rebours de son titre et de son programme sociétaristes : « Réforme sociale sans révolution » ne fut bientôt plus qu'un organe politique révolutionnaire.

Les purs théoriciens, Hippolyte Destrem en tête, jugeant la cause compromise si elle se prêtait aux luttes intéressées et sans merci des passions politiques, préférèrent se retirer à l'écart. D'autres, au contraire, ceux qui se sentaient plus enclins à la politique, estimant que rien n'est possible parmi les hommes, pour l'application des théories, si le fait ne vient les imposer matériellement et pratiquement par l'action d'un pouvoir effectif, celui de l'État, voulaient les mêmes fins que les théoriciens, mais avec la tribune législative, la conquête et l'exercice du pouvoir comme moyens. « Les Idées, disait Considérant, sont les mères des faits, et les faits du lendemain ne sont jamais que les fils des Idées de la veille. » Mais encore, pensait-il sans doute, les idées ne se traduisent pas en faits toutes seules.

? Jean Cantagrel s'était associé à cette nouvelle ligne de conduite du chef du sociétarisme et l'appuyait dans cette voie de ses conseils et de son exemple. L'année 1848, Victor Considérant se présentait aux électeurs du département du Loiret, qui lui confiaient le mandat constituant. En 1849, c'était le département de la Seine qui le nommait, en même temps que Cantagrel, de son côté, était élu dans le Loir-et-Cher.

Bien que la politique eût à présent la place principale dans les vues pratiques de celui qui était encore, malgré tout, le chef de l'École, celui-ci ne délaissait pas pourtant entièrement les principes de l'économisme fouriériste qui ont tout au moins gagné dans le poste politique qu'il occupait, qu'en un temps où la tribune française se faisait volontiers et tour à tour l'écho des théories saint-simoniennes, proudhonniennes, comtistes et autres, la parole de Considérant, tombant de cette hauteur, contribua à répandre de tous côtés, à rendre populaires des vérités qui, depuis lors, sont du domaine commun, du moins celles qui touchent aux multiples avantages de l'association.

Quelque opinion qu'on puisse avoir sur l'effervescence des idées, des théories sociales, des utopies, si l'on veut, qui signalent cette époque, on ne peut nier qu'il ne se dégage néanmoins, en ces années qui terminent la première moitié de ce siècle, une noble élévation d'esprit, une généreuse chaleur de sentiment, une féconde discussion profitable pour l'avenir, de ce tournoi de théories et de systèmes où nous voyons entrer en lice des champions tels que les ex-saint-simoniens Pierre Leroux et Auguste Comte, esprits délibérément positifs et ramenant tout, politique, devoirs, religion même à ce seul mot : humanité ; Buchez, Jean Raynaud, dont les âmes moins terrestres ajoutaient au même libéralisme un sentiment plus haut des destinées finales ; des chrétiens comme Montalembert, Lamennais, Lacordaire, qui s'efforçaient d'assouplir le catholicisme aux vues nouvelles de la science et de la liberté ; le grand Lamartine, l'âme la plus noble du siècle et la plus profondément pénétrée des destinées rénovatrices et dirigeantes de la France, en cette forte époque de transition ; Jules Simon, le croyant philosophe du droit et du devoir ; les frères Arago, Berryer et d'autres que nous oublions.

Et parmi les simples utopistes, l'Icarien Cabet, le naïf apôtre du communisme égalitaire, et Proudhon, le grand remueur d'idées, l'artiste du paradoxe et de l'antithèse, qui ne résolvait pas, mais qui plus qu'aucun savait aller chercher, pour les mettre sur le tapis de la discussion, les questions les plus urgentes et les problèmes les plus pressants. C'est à Proudhon s'écriant : « La propriété, c'est le vol ! » à Proudhon qui n'admettait aucun droit du capital à une redevance quelconque, ne produisant plus dorénavant que zéro de rente, que Victor Considérant répondait, railleur : « Je ne vois pas pourquoi la limite zéro plutôt qu'une autre. La pente pouvait aller plus loin. La progression indique qu'un moment viendra où le créancier paiera intérêt au débiteur. »

Un système qui ramenait le rôle du capital à sa consommation pure et simple par son échange contre les produits, et l'exercice du crédit à l'institution d'une banque mutuelle opérant sans l'intervention du numéraire et sous la garantie de tous, devait en effet sembler peu pratique au défenseur le plus autorisé du sociétarisme, lequel assied toute œuvre industrielle, toute production sur la triple base rationnelle : *Capital*, *Travail* et *Talent*.

Autant qu'aucune autre théorie économique, le sociétarisme tient pour ennemi mortel le Capital tout-puissant qui s'impose et commande, mais point le Capital associé et producteur. « Dès que le Capital ne gruge plus, n'exploite plus, ne tyrannise plus, dès qu'il n'est plus maître et seigneur, mais simple associé, son concours devient aussi favorable au Travail que celui du Travail l'est à lui-même. » Voilà ce qu'avec Considérant disent la logique et l'expérience.

Mais l'arène politique fut, nous l'avons vu, un mauvais terrain pour l'Ecole Sociétaire, qui dénaturait son rôle et son but dans les inévitables compromis des partis aux prises. Enrôlés à la suite de Ledru-Rollin, compromis dans les sociétés secrètes, Considérant et Cantagrel se virent bon gré mal gré obligés de suivre le mouvement révolutionnaire qui tendait à renverser la République modérée et qui n'aboutit qu'à faire surgir l'Empire. Hippolyte Destrem avait des premiers compris où aboutirait la voie funeste dans laquelle les chefs de l'Ecole s'étaient engagés. Après les journées de Juin, il fit à Considérant un dernier appel resté sans effet, après quoi il le quitta, lui disant : « Je ne suis plus désormais avec vous, parce que vous et votre parti menez la France, par le désordre, à la dictature et au despotisme. » Le 10 décembre, quatre mois plus tard, réalisait en effet cette prédiction.

Peu de temps après, un nouveau coup fatal allait particulièrement atteindre, dans la personne de ses chefs, ce qui restait de l'Ecole Sociétaire : Considérant et Cantagrel, unis à leurs collègues de la Montagne qui, dans la journée du 13 juin 1849, se portèrent au Conservatoire des Arts et Métiers pour s'y constituer en Convention, furent englobés dans la répression de ce mouvement, jugés et condamnés à la déportation.

La *Démocratie Pacifique* maintint bien encore sa publication, à laquelle les exilés réfugiés à Bruxelles continuaient toujours de concourir ; mais 1852 arriva, et le coup d'Etat du 2 décembre supprima brutalement ce journal comme tant d'autres, et dispersa ses derniers rédacteurs.

Nous devons ici rappeler que de 1844 à 1847 un autre essai phalanstérien, d'initiative tout à fait privée, d'ailleurs, avait encore été tenté. Cette fois, ce fut à l'instigation d'une femme plus enthousiaste qu'éclairée, Mme Gatti de Gamond, qu'un jeune Anglais, M. Arthur Young, séduit par l'espérance de réaliser cette fois ces merveilles du phalanstère, se décida libéralement à employer à cet objet une grosse fortune dont il venait d'hériter. De vastes terrains furent acquis à Château-lez-Citeaux, des colons engagés, une exploitation commencée ; mais, vu l'incompétence absolue de la direction, composée d'un jeune homme aux intentions généreuses, mais sans expérience, et d'une femme aux instincts purement artistiques et littéraires, l'entreprise échoua.

Cette aventure ne reçut du reste aucun appui des chefs de l'École, qui n'y prirent part à aucun titre. Ni leurs personnes ni leurs idées n'en sont responsables.

La théorie sociétaire est donc ici hors de cause. Toutefois, n'y aurait-il pas dans l'idée phalanstérienne, que Fourier lui-même rattache surtout au régime *harmonien*, un programme hors de la portée des hommes de notre époque ? Cet ordre, cet agencement parfait, cette harmonie admirable des hommes et des choses, qui niera qu'ils ne soient très concevables dans les conditions matérielles et morales qu'ils réclament et qui sont de rigueur ? Seulement la vision de génie de Fourier a sans doute devancé de beaucoup les temps où sa réalisation courante sera possible sur notre planète.

Ce qui caractérise le génie de Fourier en ses œuvres, c'est plus un don d'intuition spontanée que la faculté didactique. Fourier est surtout un voyant. Il est sûr, il affirme, mais il ne va guère au delà. Il n'a pas paru comprendre la grande part qu'il faut faire à l'atavisme héréditaire des générations, la théorie atavique n'étant pas encore formulée de son temps qu'influençaient plutôt les idées de Rousseau sur la soi-disant perfection de l'état de nature que la vie sociale ne ferait qu'amoindrir. C'est ainsi que vers la fin de sa vie il s'attache à l'idée de former des phalanstères d'enfants, plus malléables que les adultes et devant se plier plus aisément à la forme sociale perfectionnée qui l'occupe. Il comprend aussi toutefois la nécessité d'une transition ; car, en même temps, il consacre de remarquables travaux à l'habitation du Garantisme, présentant une immense supériorité sur la généralité des habitations de la période actuelle.

L'organisation des sociétés humaines, à travers les siècles et les civilisations, présente des types de groupements sociaux, de cités, qui se transforment d'âge en âge avec une progression continue et très reconnaissable.

Nous voyons d'abord les populations sauvages, réunies par un premier intérêt de défense commune, grouper au hasard et sans ordre des huttes grossières valant à peine mieux que le repaire de l'animal !

L'état de barbarie est un grand pas de fait vers l'organisation en société. Il y a une hiérarchie et des chefs, et la bourgade présente déjà un certain groupement collectif des habitations où se marquent des améliorations générales, un soin des rapports et des limites, une enceinte de défense qui en font déjà un véritable groupe solidarisé. Le

type de construction le plus parfait de cette période, où
domine le droit de la guerre, est le manoir féodal.

La civilisation, à ses différents degrés, vient ensuite
améliorer considérablement cet ensemble social. L'industrie, le commerce, l'art, transforment l'habitation humaine
et policent ses habitants. La cité a maintenant des voies
et des places mieux aménagées, des monuments publics,
des institutions, des écoles, une administration qui solidarisent de plus en plus étroitement tous les citoyens du
municipe, de la commune.

A ne considérer que l'ordre général des constructions,
image extérieure de la vie citadine, remarquons avec
quelle entente on voit presque partout en Europe, du XVIIe
au XVIIIe siècle, les pignons et l'angle supérieur des toits
de toutes les maisons des villes, jusqu'alors séparément
dressés sur la rue, se retourner et se souder maison à
maison, se joignant maintenant entre eux et observant un
même alignement. C'est un simple fait de solidarisation
urbaine, où le général prévaut sur le particulier. Maintenant
nous voyons aujourd'hui se dessiner un autre plan d'ensemble, d'ordre plus collectif encore que les rues du
siècle dernier. C'est, dans les villes tout à fait nouvelles
ou dans les quartiers neufs, la disposition remarquablement
quadrangulaire des pâtés de maison et du réseau des rues.

Or, l'habitation garantiste et l'habitation harmonienne,
chacune d'elles à la place qui lui revient, dépassent encore
démesurément l'ordre que nous voyons être aujourd'hui
le dernier mot de l'art de bâtir.

Depuis le particularisme antique, où l'habitation romaine,
par exemple, concentrait tout à l'intérieur et s'isolait du
dehors par des murs presque sans ouvertures, la vie collective des sociétés a fait de continuels progrès jusqu'à ce
jour, et en fera bien d'autres par la suite. Elle nous promet, pour l'avenir, de monumentales unifications citadines
de toutes les habitations, de toutes les industries, de toutes
les écoles, de tous les services publics, de tous les centres
artistiques, scientifiques, religieux, que nous voyons au-

jourd'hui épars. Les plans de Fourier, remplis de prévision, de confort, d'art, d'élégance, de facilités, avec leurs proportions vastes, leurs galeries, leurs péristyles, leurs dispositions appropriées à tous les besoins d'une nombreuse collectivité, mettant toute la variété désirable dans l'unité nécessaire, ces plans prophétiques, disons-nous, sont assurément ceux que réaliseront dans une savante et harmonieuse variété les cités de l'avenir. Déjà n'y a-t-il pas aux États-Unis, appropriés aux mœurs spéciales des Yankees, ces étonnants édifices de plus de vingt étages, ces Sky-Scrapers, réunissant jusqu'à 4 et 5,000 habitants avec tous les services utiles à une telle population ?

Eh bien ! tout cela n'est que la forme extérieure et matérielle de l'avancement progressif de la solidarisation humaine, marchant du même pas que son développement en quelque sorte organique, en tant que collectivité, à partir de l'individualisme du sauvage qui ne voit et ne connaît que lui-même, jusqu'à l'esprit de mutualité actuel qui a créé déjà nombre d'associations de toute nature, mettant en commun entreprises, intérêts divers, plaisirs même. Cette progression séculaire, qui se continuera dans l'avenir, ne saurait naturellement être retardée ni avancée arbitrairement sans contrainte et désaccord.

Ajoutons que cet avancement des sociétés humaines ne peut être un fait d'ensemble terrestre, la nature ayant produit des foyers différents qui se développent à part. Le passé a eu ses civilisations relatives, et le présent a ses sauvageries et ses barbaries. Il en est de l'humanité comme de toutes les créations de la vie dont il subsiste encore des représentations spécifiques à tous les degrés de leur échelle. Toutefois, au-dessus de ces répétitions ou récapitulations successives, il y a un véritable avancement sommital, à travers les peuples et les temps, lequel représente seul la marche ascendante de l'humanité considérée dans tout son ensemble et toute sa durée.

Que l'avenir bâtisse des cités d'un plan très approché des modèles dessinés et décrits par Fourier, que leurs habitants se solidarisent dans leurs biens, leurs intérêts, leurs travaux, leurs relations de toute nature, d'une manière beaucoup plus homogène et avantageuse à tous que ce qui se voit dans les cités de notre temps, cela nous paraît certain, et Fourier, en voulant une expérience immédiate, n'aurait eu qu'un tort, celui de ne pas avoir compté assez avec la marche propre, la croissance lente de l'Etre social, qui évolue lui aussi très réellement par des lois de même ordre que celles qui régissent tous les organismes vivants des différents règnes.

Si c'était à ce point de vue supérieurement organique qui l'entendait Georges Cuvier lorsqu'il instituait le *règne humain* comme faisant suite au règne animal et au règne végétal, il n'a fait qu'énoncer une vérité commençante, un haut pressentiment des édifications collectives du lointain avenir planétaire où l'humanité s'organisera au sommet de la vie terrestre, en groupes spécifiques aussi harmonisés que le sont dans un ordre inférieur les plus belles créations des deux premiers règnes vivants.

Enfin, et pour arrêter ici l'exposé de la théorie phalanstérienne, nous reproduisons un tableau comparatif et sommaire des deux méthodes, celle de l'industrie morcelée et celle de l'industrie sociétaire (1) :

ÉCHELLE D'ÉCART ABSOLU EN PROGRÈS INDUSTRIEL

Méthode Attrayante.	*Méthode répugnante.*
Séances courtes et variées en groupes intrigués.	Séances longues et tristes, individuelles et sans intrigue.
Multiplicité d'emploi à option.	Solité, monotonie de fonction.

(1) Ce tableau, pour être suffisamment compris, dans son admirable concision, devra être relu après avoir pris connaissance de l'Aperçu théorique exposé dans la Deuxième Partie qui va suivre.

Distribution opportune des sexes et des âges.	Confusion des sexes et âges en travaux.
Réunion minima, 350 à 400 familles bien pourvues de capitaux, de crédit et de mécaniques.	Réunion minima, une seule famille dépourvue de capitaux, de crédit et de mécaniques.
Exercice parcellaire de l'individu dans chacune des branches de travail qu'il a préférées.	Exercice explicatif et intégral, cumulant tous les détails d'une fonction sur un même individu.
Fusion des trois industries exercées combinément en coopération des trois classes sans amalgame permanent.	Scission des trois industries primordiales et des trois classes de fortune réciproquement hostiles.
Concours indirect des ressorts aujourd'hui discordants.	Conflit des discords, antipathies et inégalités.
Libre essor et emploi utile des instincts.	Statuts arbitraires et compressifs des instincts.
Harmonie coopérative des groupes et séries.	Discipline monastique des masses.
Gaîté, valeur des groupes libres et intrigués.	Travail morne par besoin et contrainte.
Travaux d'un profit assuré, salubres, par courtes séances.	Travaux inutiles, ingrats, insalubres.
Obéissance honorable aux décisions de la masse, choix amicaux en service domestique.	Obéissance pénible à l'individu, domesticité humiliante, faute d'option et de sympathie.
Chère copieuse assortie en échelle de goûts.	Nourriture mauvaise et souvent insuffisante.
Contrepoids aux excès par affluence de plaisirs.	Provocation aux excès par les privations.
Peuple bienveillant as iré d'avancement et d'appui.	Esprit haineux et mutin chez le peuple dénué.

Facile accès à la propriété et au bien-être.	Ouvrier exclu de propriété et consommations.
Liberté par le minimum et 'industrie attrayante.	Esclavage indirect par la pauvreté.
Impossibilité de larcin et de pièges industriels.	Permanence des larcins en toutes relations.
Instruction sollicitée, études rapides.	Education forcée, études lentes et stériles.
Essor juste et plein des sens et de l'esprit.	Faussement des facultés sensuelles et intellectuelles.
Passions et instincts appliqués à l'industrie et équilibrés par doubles contrepoids.	Essor subversif et malfaisant des passions privées de doubles contrepoids.
Voie de fortune par la vérité et la justice.	Ridicule et ruine par la pratique de la vérité.
Voie de santé et bénéfice dans l'abandon aux plaisirs.	Perte de la fortune et de la santé dans les plaisirs.
Restauration sanitaire par l'unité d'action.	Concours de dégradation climatérique et sanitaire.
Coïncidence permanente des deux intérêts.	Lutte des deux intérêts collectif et individuel.
Fin des rapines intermédiaires du commerce.	Production et consommation asservies au commerce.
Doubles charmes en industrie, bonheur composé.	Doubles disgrâces, malheur composé.

Quel admirable tableau que ce parallèle de contrastes, l'un des chefs-d'œuvre de l'esprit humain !

Les tentatives phalanstériennes d'un degré trop avancé ont échoué ; mais on a vu réussir pleinement et continuer de prospérer sans arrêt la remarquable fondation d'un des plus intelligents fouriéristes, l'établissement universellement connu sous le nom de *Familistère de Guise*, qui, en somme, est une application de l'idée de Fourier, sauf la division et la variété des travaux, impraticables d'ailleurs dans une grande manufacture uniquement industrielle. Seulement là, les deux conditions maîtresses de toute réussite d'industrie pratique à notre époque ont présidé et président toujours à sa création et à sa marche : 1° une source matérielle et persistante d'exploitation fructueuse ; 2° une volonté dirigeante et éclairée, une tête qui commande et qui veille à tout.

Sans la première de ces conditions, il n'est pas d'arrangement distributif, si supérieur soit-il, qui reste viable. Sans la deuxième, sans l'unité de direction et de volonté maîtresses, qui seules sont aptes à rechercher les voies et à les suivre avec constance et fermeté au milieu de l'universelle concurrence vitale, il n'y a ni durée, ni prospérité possibles pour n'importe quelle entreprise humaine.

M. Godin a été cette tête créatrice et dirigeante du *Familistère de Guise*, et l'industrie de la fonte intelligemment pratiquée, a été le fond assuré de rendement fructueux. Les règles fouriéristes de l'organisation économique par l'association et la coopération proportionnellement rémunérées n'ont fait que concourir puissamment à la réussite de l'entreprise, tout en ménageant à un personnel nombreux des avantages et des conditions de bien-être et de sécurité inconnues jusqu'alors dans le monde ouvrier. Honorons en la mémoire de Godin une intelligence d'élite et une grande âme de bienfaiteur.

Les papeteries Laroche-Joubert ont aussi réalisé à Angoulême quelque chose d'assez semblable.

Par mi tant d'essais de sociétés industrielles coopératives qu'on a vues naître en France depuis le milieu de ce siècle, trois ou quatre à peine, telles que la notable maison Leclaire (1)

---

(1) Jean Leclaire, était en 1840, un entrepreneur de peinture très intelligent et très philanthrope, qui fut un des disciples les plus actifs et les plus dévoués de l'École Sociétaire.

exerçant l'industrie de la peinture en bâtiments et l'Association des lunetiers, ont pu réussir et prospérer. Mais c'est parce que les conditions d'unité de direction et d'un bon fonds exploitable s'y sont rencontrées et s'y sont continuées. Toutes les associations ouvrières où le travail a compté sans une capacité dirigeante, un capital suffisant et un courant assuré d'ouvrage, ont échoué vite et misérablement.

N'omettons pas de mentionner une autre tentative encore de fondation phalanstérienne qui se fit en Algérie, à Saint-Denis-du-Sig, vers le même temps que celle de Château-lez-Citeaux. Elle eut pour promoteur M. le capitaine Gautier, qui commença une grande entreprise agricole sur les bases de la coopération sociétaire, mais qui dut la continuer dans les conditions ordinaires des autres exploitations de ce genre, forme sous laquelle l'*Union du Sig* a marché et marche encore.

Si le plan phalanstérien conçu par Fourier pour la période d'*harmonisme* n'est pas pratique pour nous, il ne ressort pas de cela qu'un plan moins compliqué, mais plus approprié au tempérament de nos concitoyens et aux nouveaux besoins de l'époque, ne soit pas réalisable, au grand avantage du bien-être matériel et du relèvement moral des groupes convenablement associés. Sans sortir du point de vue de Fourier, M. Hippolyte Destrem, son continuateur actuel, conçoit et préconise la formation de communes, de cités perfectionnées, mais en s'en tenant cette fois aux seules conditions propres de la période du *Garantisme*, laquelle s'apprête à remplacer l'état décadent de *Civilisation* qui s'achève, mais qui aura à fournir à son tour une longue carrière avant que soit possible l'Organisation *harmonienne*, qui lui sera aussi supérieure que le Garantisme doit l'être à la Civilisation et que la Civilisation l'a été à la Barbarie. En attendant, le bienfait inappréciable du Garantisme sera de donner aux générations qui s'élèvent tout le bonheur qu'elles peuvent sentir, l'Harmonie étant encore inabordable pour elles.

Le Garantisme doit commencer par affranchir les populations manufacturières de la malsaine et démoralisante promiscuité des logements ouvriers actuels. Des maisonnettes peu coûteuses, propres, hygiéniques et commodes, entourées chacune de leur jardinet, couvriront de grands espaces, et ce n'est pas l'espace qui manque une fois à distance de nos grandes villes industrielles. Quant à la distance de parcours, elle se trouve à peu près supprimée par les communications rapides et économiques qui sont si faciles à établir en ce temps de voies ferrées, de télégraphie, de téléphonie et de vélocipèdes, appelés à être d'usage universel.

Pour ce qui est de l'acquisition d'un de ces attrayants foyers, les essais qui ont déjà si bien réussi de divers côtés d'une combinaison tenant le milieu entre la location et l'achat, par versements échelonnés durant plus ou moins de temps, sont garants de la possibilité assurée à tout jeune ménage de travailleurs, d'être confortablem... logé, dès le début comme locataire, et de posséder plus tard comme propriétaire la maison où l'on a longtemps vécu heureux et où les enfants sont nés et ont grandi.

Les bienfaits de la coopération en tout ce qui est facilement réalisable pour la consommation journalière, viendront nécessairement s'ajouter, avec ceux de l'éducation et de la culture d'arts divers mis à la portée de tous, aux inappréciables avantages de l'habitation garantiste, et un avancement considérable aura été réalisé pour le bonheur de la classe la plus nombreuse de la société.

Cependant il ne faudrait pas croire que ce type de l'habitation garantiste et les types supérieurs du même ordre aient été conçus simplement comme une modification plus pratique du phalanstère de Fourier. L'un et l'autre sont dans la vérité et dans les plans des sociétés futures, et, bien que le type garantiste doive précéder le type harmonien, ils n'en pourront pas moins tous deux coexister et durer par la même raison qui fait vivre côte à côte les formés successives de tous les développements de la vie, dans les divers règnes de la nature.

Pour ce qui regarde la vie agricole, des conditions de bien-être similaires à celles-là seront rendues faciles par la coopération et une plus judicieuse distribution des travaux, ainsi que par l'application plus raisonnée des méthodes de culture perfectionnée qui rendent double ou triple produit en comparaison d'à présent.

Ces colonies agricoles qui ont toujours été le principal objectif des tentatives phalanstériennes, M. Hippolyte Destrem les conçoit véritablement pratiques, et M. Barat, un fouriériste de la vieille souche, qui n'a jamais désespéré du sociétarisme et qui a consacré de profondes connaissances agronomiques à l'étude incessante de cette question des colonies agricoles, en creuse chaque jour davantage tous les détails que connaissent les lecteurs de la *Rénovation*, ce puîné des premiers organes du sociétarisme.

Quel bienfait ne serait-ce pas que de faciliter la création de semblables colonies dans certaines régions déshéritées de la France continentale et dans ses possessions d'outre-mer, exemples et modèles de culture perfectionnée et source précieuse de travail facile à offrir à tant de meurt-de-faim et de déclassés qui succombent sous la misère !

Serait-ce si coûteux et si difficile que l'Etat créât dans tels départements où existent encore des terres incultes ou à peu près, et aussi dans les parties de son domaine colonial où l'Européen peut aisément s'acclimater, des exploitations assez bien dirigées et soutenues pour transformer ces régions sans valeur en champs de rapport, comme le sont devenues récemment les anciennes landes de Gascogne ? N'y aurait-il pas là travail et pain assuré à tant d'hommes, de femmes et d'enfants dont les circonstances ou les vices de notre civilisation ont fait des nécessiteux ? Quelques chefs et contremaîtres suffiraient à dresser et occuper tout ce monde aux mille travaux divers et faciles de l'exploitation, et à transformer les non-valeurs sociales en producteurs utiles à la patrie ; car, au bout d'un temps plus ou moins court, l'entreprise indemniserait à la fin de l'argent avancé par la plus-value des terres et par leur rendement.

Que d'enfants surtout, que l'abandon ou les torts des parents condamnent à mal tourner, et qui feraient des citoyens honnêtes et utiles dans les établissements coloniaux principalement, où ils deviendraient une précieuse pépinière de peuplement français !

C'est cette pensée généreuse et patriote qui inspira M. Hippolyte Destrem lorsqu'aux premiers jours de mars 1892 il a envoyé à la Chambre son éloquente *Pétition pour la réalisation pratique et légale du droit au Travail* « faisant disparaître du sein des sociétés humaines le fléau de l'indigence, des chômages, du salaire insuffisant et des angoisses pécuniaires de tout ordre. »

La pétition présentée et sympathiquement soutenue par MM. Montaut, député de Seine-et-Marne, et Leconte, député de l'Indre, fut bien prise en considération et renvoyée à l'examen des Ministres de l'intérieur et de l'agriculture, mais elle s'est trouvée arrêtée ensuite et l'est encore en ce moment, dans l'interminable filière des bureaux administratifs. Nos bureaucrates ont bien d'autres questions à s'occuper que celles de cet ordre-là (1).

Il nous reste à parler de la dernière tentative faite par les adhérents de l'Ecole Sociétaire, sous l'initiative de Considérant et de Cantagrel, alors réfugiés en Belgique, ainsi que nous l'avons vu, à l'effet d'appliquer à une grande association agricole les idées professées de tout temps par eux. C'est en Amérique, pays relativement neuf encore, où l'on espérait pouvoir agir sans les entraves auxquelles on attribuait en partie les échecs précédents, que cette fois on résolut de tenter la nouvelle expérience.

(1) Mentionnons encore une autre idée de Garantisme, conçue par M. Destrem, l'Institution de l'Hospitalité française internationale, faisant de Paris le centre intellectuel du globe et le lien sympathique entre les peuples. Depuis deux ans et demi, cette idée féconde est arrêtée par l'inertie bureaucratique.

Là encore les disciples de Fourier, de tout rang, de toute catégorie, de toute fortune, fournirent une nouvelle preuve de leur dévouement humanitaire. De nombreux dons d'argent affluèrent. M. Godin à lui seul, le Godin du *Familistère*, donna cent mille francs. Un riche Américain, M. Albert Brisbane, fut aussi très généreux.

On obtint du gouvernement des Etats-Unis une vaste concession de terrains sur les bords de la Rivière Rouge, dans l'Etat du Texas, et là commença l'établissement de la commune de *La Réunion*, une de ces communes sociétaires si longtemps projetées, où l'on tâcherait cette fois, sans y mettre une rigueur trop absolue, d'appliquer les vues fouriéristes dans tout ce qu'elles ont de conciliable avec les nécessités pratiques de temps et de lieu.

Ici encore le résultat ne répondit pas à l'excellence des intentions qui avaient présidé à la création de l'entreprise. Il serait difficile aujourd'hui, après quarante ans écoulés, d'analyser dans leurs détails les causes de l'insuccès qui paraît avoir eu son principe dans le défaut d'aptitudes spéciales, de connaissances techniques et locales tout à la fois. Seulement on peut affirmer que dans l'entreprise du Texas, comme dans les précédentes, rien ne s'est produit qui puisse ébranler les vérités de tout ordre contenues dans la théorie du fondateur de l'Ecole Sociétaire. En cette matière, comme en toute autre, il importe de distinguer les principes généraux, qui sont vrais, des applications qui ont pu être faites dans telles ou telles circonstances données.

Victor Considérant se vit alors frappé du coup le plus douloureux dans tout son être moral si profondément impressionnable. Sa vaillante plume cessa de produire, et il se recueillit, après tant de glorieuses luttes, dans un repos bien gagné (1).

L'autorité ombrageuse du gouvernement de Napoléon III,

---

(1) Son courage avait été soutenu par deux femmes admirables : Mme Clarisse Vigoureux, sa mère, et Mme Considérant, qui l'avaient suivi dans son exil.

que toute propagande inquiétait, ne devait pas tolérer l'enseignement sociétaire, plus qu'aucune autre doctrine sociale, surtout après l'allure politique qu'il avait prise avec Considérant et Cantagrel. Ce fut alors la dispersion complète, l'annulation de l'Ecole, sauf pourtant un dernier lien : le dîner mensuel où venaient toujours quelques membres de l'Ecole ; et surtout le banquet du 7 avril, anniversaire de la naissance de Fourier, dont la coutume s'était établie depuis 1842 et qu'un certain nombre de fidèles continuèrent de célébrer sans qu'il y ait jamais eu depuis si longtemps une seule interruption.

Trente années durant, ce banquet et les dîners mensuels furent les symptômes extérieurs d'existence de l'Ecole Sociétaire. On y venait d'un simple mouvement d'initiative personnelle, et les assistants, avant de se quitter, se donnaient mutuellement rendez-vous pour les cénacles suivants. Ces réunions tout intimes se faisaient sans autre apparat que l'exposition du buste du maître, surmonté du faisceau des couleurs de l'Ecole, les sept couleurs du spectre solaire telles que les étale au travers du prisme la lumière même de l'astre du jour, couleurs vraiment emblématiques et symboliques s'il en fût, de l'unitéisme qui est le dogme culminant de la doctrine fouriériste. Là, point de controverse ni surtout de politique. Tout au plus, quelques allocutions sincères en l'honneur de la mémoire du maître, ou quelques paroles de foi persistante en l'avenir de ses doctrines, que faisaient entendre soit le docteur Pellarin, soit tout autre sociétaire.

Il faut arriver à l'année 1886 pour voir se réveiller et prendre un nouvel essor de développement le germe que perpétuait malgré tout la réunion mensuelle dont nous venons de parler. C'est seulement alors que quelques adeptes, notamment M. Barat, Mme Fumet, fille d'un des plus fervents sociétaires de la première heure, Michelot, de la Comédie-Française, acquise elle-même à la doctrine avec le plus entier dévouement, conçurent l'idée de la *Ligue du Progrès social* comme devant faire suite à l'Ecole Sociétaire et la reproduire dans toute son expression pure et complète, et ils proposèrent à M. Hippolyte Destrem, qui accepta, de prendre la direction de l'œuvre et de la nouvelle publication à fonder.

Pour M. Hippolyte Destrem, ce fait était simple et tout naturel. Depuis l'année 1848, nous l'avons vu, il ne s'était pas contenté d'adhérer aux principes fouriéristes. Sociologiste éminent et penseur profond, il n'avait cessé, après la scission de l'Ecole, d'étudier et de pénétrer dans sa conception et dans les plus lointaines conséquences qui en découlent, l'œuvre entière de Fourier, la jugeant et la comparant aux autres œuvres philosophiques et sociologiques du passé et du présent. Et un travail considérable, nous ne dirons pas de redressement, mais bien d'épurement, d'agrandissement, de lucide exposition, était déjà sorti de sa plume avec trois œuvres successives : *le Moi divin* (1864) *Perte ou Salut de la France* (1870), *la Future Constitution de la France* ou *les Lois morales de l'ordre politique* (1881).

On peut dire qu'en M. Hippolyte Destrem se personnifia et se résuma l'Ecole Sociétaire durant la longue attente de 1852 à 1886. Cette Ecole, qu'il avait servie avec le dévouement le plus complet et le plus désintéressé, il devait continuer de la servir plus hautement encore dans le recueillement durant lequel il entama et mena à bonne fin ses grands travaux d'investigation qui ont donné un corps achevé à ce régime du Garantisme trop négligé jusqu'alors et celui pourtant de tout l'ensemble de la doctrine qui est universellement réalisable dans un très prochain avenir, parce qu'avant tout autre développement social, il s'enchaîne immédiatement avec le passé récent et l'état actuel de nos sociétés européennes, en ses divers aspects économique, politique, international, philosophique et religieux.

Nous parlerons bientôt plus longuement, mais sans prétendre la résumer, car résumer un tel nombre d'idées et de choses toujours différentes n'est pas possible, de cette *Future Constitution de la France*, œuvre synthétique qui égale les travaux du fondateur du sociétarisme et que celui-ci n'eût pas hésité à signer.

Le 20 mars 1888 paraissait le premier numéro de *la Réno-vation*, « *Organe de la conciliation sociale et des doctrines d'association* », ayant pour idéal le bonheur de l'Humanité tout entière, et pour programme de perfection sociale les trois devises :

> Harmonie par la Liberté,
> Hiérarchie dans l'Egalité,
> Responsabilité dans la Solidarité,

devises autrement explicites, pratiques et efficaces, que les trois mots républicains, qui ont plus de grandeur que de précision.

La *Rénovation* s'imposait une tâche pénible en ce temps d'indifférence morale, de matérialisme et de mercantilisme à outrance, où l'idée ne sert plus guère dans la Presse que de prétexte ou d'enseigne menteuse à de grossiers intérêts ; temps si différent de ce que furent les époques de 1830 et 1848 qui, elles au moins, n'ont rien connu de comparable à l'océan de vilenies qui aujourd'hui nous submerge. Elle n'en poursuit pas moins cette tâche si laborieuse, si héris-sée de difficultés, et elle s'est même augmentée de l'*Unité Humaine*, organe de la *Société de la Paix Perpétuelle par la justice internationale* et de l'*Association pour la solu-tion pacifique des Conflits sociaux*, laquelle société est reconnue et autorisée par l'Etat. La première de ces deux sociétés a même fait vaillamment ses preuves au dernier Congrès de Berne.

Là s'est fait entendre en plusieurs discours la parole persuasive de M. Hippolyte Destrem, qui a su, malgré la vive opposition des partisans exclusifs de l'Arbitrage international, enlever de haute lutte la reconnaissance, trop déniée jusqu'alors, de l'idée française de la *Fédération Européenne* et du principe des nationalités, appuyé sur le plébiscite des populations, qui seules doivent être arbitres en cette question vitale. L'idée d'une fédération des Puissances européennes est en effet bien française et n'est même pas récente, puisqu'elle était déjà celle du roi Henri IV, qui avait conçu et préparé le plan d'une véritable union des divers Etats de l'Europe, plan dont sa mort seule arrêta la réalisation.

Récemment, un des principaux propagateurs des idées pacifiques, l'éminent M. Hodgson Pratt, qui jusqu'ici appuyait de préférence dans son journal *The Concord* le principe plus anglais de l'arbitrage, et à la suite des idées émises dernièrement en Italie, dans le sens fédératif, par M. le marquis de Pandolfi, a fait lui aussi adhésion au grand principe si brillamment soutenu à Berne par Hippolyte Destrem, au nom de la *Société de la Paix Perpétuelle par la Justice internationale*. C'est une précieuse adhésion que celle d'un économiste de la valeur de M. Hodgson Pratt, bien qu'il y ait peu à espérer qu'elle entraîne les sympathies d'un pays aux traditions aussi exclusives que le sont celles de l'Angleterre.

L'École Sociétaire, nous l'avons dit, ne fait pas de politique, elle n'est d'aucun parti. Néanmoins, il est impossible de débattre des questions d'économie sociale, d'organisation nationale, sans mettre quelquefois les pieds sur son terrain, sans même, à l'occasion, s'occuper de questions d'ordre gouvernemental. Mais cela se passe toujours dans le domaine des principes et de la seule aspiration au bien général.

La science sociologique est une véritable science dont les bases ont été posées méthodiquement par Charles Fourier, et, comme toute science, elle est susceptible d'études, de développements, de comparaisons avec les errements étrangers qui en entravent l'application pratique. Elle a pour mission, aujourd'hui comme hier, de combattre les erreurs et le mal, et de montrer à tous où est la vérité et le bien.

En ce temps de vertige et de détraquement, où l'on voit

des doctrines absurdes, antifrançaises, antinaturelles, égarer les esprits, surprendre la bonne foi du peuple, en se glissant au milieu de principes vrais qui ont été les nôtres avant d'avoir été empruntés par elles, nous voudrions pouvoir répandre partout notre enseignement sociétaire, sûrs que la vérité complète qu'il proclame aurait, d'elle-même, la vertu d'ouvrir tous les yeux et de pénétrer dans tous les cœurs.

C'est dans ce but qu'une série de brochures qui condensent en pages concises, frappantes de clarté, tout en leur laissant leurs grandes proportions, les principes développés dans les douze volumes écrits par Fourier, est actuellement en cours de publication. C'est *la Rénovation économique* déjà publiée (1) ; puis *la Rénovation politique*, qui vient de paraître ; *la Rénovation internationale, la Rénovation religieuse et morale* ; et en dernier lieu : *les Sexes, l'Amour, la Famille et la Vie privée dans les temps nouveaux*. Ces trois dernières sont en cours d'élaboration.

Toutes ces œuvres, écrites par Hippolyte Destrem, devraient être répandues à profusion dans les masses pour les initier à la nouvelle ère de Vérité, de Justice et de Bonheur général.

Le 7 avril dernier, de même que les années précédentes, à pareille date depuis un demi-siècle, un groupe nombreux de disciples de Fourier, a fêté au banquet traditionnel, l'anniversaire du maître, dont le marbre s'abritait sous le symbolique et brillant faisceau des prismatiques couleurs solaires. Des discours ont été prononcés selon l'usage, et notamment une substantielle exposition synthétique de la doctrine, où le vénérable chef actuel de l'Ecole Sociétaire a montré le passé et le présent, et pressenti l'avenir du sociétarisme. Avant d'aborder la suite de notre tâche, nous ne saurions mieux terminer cette Première Partie qu'en reproduisant les paroles par lesquelles se termi-

_____

(1) Chez Ollendorff, 28 bis, rue Richelieu.

nait le discours très applaudi de M. Hippolyte Destrem :

« Les fondamentales et impérissables vérités dont notre Ecole est dépositaire seront le centre vivant auquel viendront s'agréger les molécules se détachant de jour en jour du vieil ordre social, dont rien ne peut plus empêcher l'effondrement progressif et inévitable. Elles seront la base sur laquelle le xxᵉ siècle français, à son aurore, édifiera l'heureux et harmonique édifice du Régime intégral des Garanties sociales, dont le premier effet sera d'apporter à l'Humanité l'oubli de ses séculaires douleurs ».

DEUXIÈME PARTIE

APERÇU THÉORIQUE

Nous avons, tout au commencement, prévenu le lecteur qu'il y avait des réserves à faire dans l'œuvre de Charles Fourier. Il y a de tout dans les ouvrages qui s'appellent *la Théorie des Quatre Mouvements, le Nouveau Monde industriel, la Théorie de l'Unité Universelle.*

Déjà, aux côtés mêmes du Maître, les premiers disciples, tout en admirant profondément, savaient conserver une certaine liberté d'esprit personnelle. Ils se donnent comme les *intermédiaires* entre Charles Fourier et les hommes de leur temps, entre la théorie sociétaire et les autres tentatives de science sociale : « Ils ont (c'est la Rédaction entière de la *Réforme industrielle* du 29 mars 1833 qui signe ceci), pour mission de renouer la chaîne solidaire qui rattache les travaux du grand homme aux travaux antérieurs de l'humanité et, s'ils le peuvent un jour, d'ajouter de nouveaux anneaux à cette chaîne continue de la *science humanitaire* », et cela « sans marcher sur la foi de personne ».

Il arriva plus d'une fois que le caractère altier du Maître se raidit, non sans âpreté, contre certaines indépendances de vues de ses disciples, ce dont ces derniers ne pensaient pas à s'offenser à leur tour : « Charles Fourier a trop donné, disent-ils, pour que nous songions à autre chose qu'à lui rendre grâces et à attirer sur sa tête le respect et l'admiration de tous ceux qui sont susceptibles d'apprécier trente ans de travaux immenses et d'une valeur inouïe, payés par trente ans de dédain et d'ingratitude. »

Beaucoup plus tard, Victor Considérant écrivait : « Que Fourier ait eu ses écarts, qu'il ait eu des idées fausses, excentriques, extravagantes si vous voulez, ce n'est pas la question. Le donnons-nous pour un dieu, pour un prophète, pour un verbe infaillible ? Est-ce qu'Arago rejette les lois de Képler et celles de Newton, pour cela qu'il se soucie peu des commentaires de celui-ci sur l'Apocalypse et des doctrines harmoniques et astrologiques qui ont guidé l'autre dans ses découvertes sublimes ? »

De même, aujourd'hui surtout, après qu'un travail plus complet encore d'épurement a pu s'accomplir, la nouvelle École Sociétaire n'a pas davantage le fétichisme d'un homme. Elle révère en cet homme son premier chef et les droits incontestables de Fourier comme fondateur de la science sociologique qui fait l'objet de ses études. Mais, comme ses aînés, elle s'attache aussi à relier « les travaux du grand homme aux travaux antérieurs de l'humanité, et, si elle le peut, à ajouter de nouveaux anneaux à cette chaîne continue de la *science humanitaire.* » Tous les grands investigateurs du passé ont le même droit à ses hommages, et elle ne s'interdit pas de travailler à de nouveaux développements ne s'écartant pas des principes fixes et éternels qui sont le véritable évangile de son enseignement.

Cela dit, nous sommes à l'aise pour rappeler maintenant les grands et incontestables titres de Charles Fourier comme penseur et investigateur de premier ordre.

La clef de la méthode de Fourier, c'est le principe d'analogie auquel se doivent toutes les grandes conquêtes de la connaissance humaine, la science expérimentale n'étant jamais qu'une science de contrôle qui confirme ou infirme, mais ne découvre rien de neuf. C'est le principe d'analogie qui guida tous les grands penseurs, depuis Pythagore, qu'elle conduisit pas à pas à ramener tout ce qui se voit dans l'Univers à une seule loi d'harmonie gouvernée par les immuables et infinies combinaisons des nombres ; jusqu'à Descartes qui, de la cause du simple tourbillon de nos rivières, s'éleva à celle des tourbillons cosmiques, et pour qui tout s'unifie en une seule substance où ne varient que les sortes de groupements et les formes ; jusqu'à Képler lorsqu'il ramène tous les rapports des masses et des mouvements astrals, aux mêmes lois précises qui font de lui le véritable révélateur, avant Newton, de la gravitation universelle ; jusqu'à Newton, que la vue d'une pomme tombant de sa branche, porta à s'élever à l'unique principe qui règle la chute de tous les corps dans l'espace ; jusqu'à Schelling qui, dans les voies de la métaphysique, arrive lui aussi à l'unité absolue, et de qui Fourier se plaît à citer ces paroles renouvelées des vieux hermétistes : « L'Univers est fait sur le même modèle que l'âme humaine, et l'analogie de chaque partie de l'Univers avec l'ensemble est telle, que la même idée se réfléchit constamment du tout dans chaque partie, et de chaque partie dans le tout. » Car tout est dans tout.

Ce n'est pas cependant que Fourier soit l'ami des philosophes, qu'à diverses reprises il accuse de n'avoir produit qu'erreur et égarement de la pensée humaine. Néanmoins dans ses dernières œuvres, surtout dans ses *Mélanges* écrits dans la pleine maturité de sa pensée, il reconnaît que, si la philosophie n'a pas su s'élever jusqu'aux principes qui conduisent à l'État social parfait qui sera celui de la future période d'*Harmonie*, les grands philosophes ont tendu au perfectionnement relatif que doit réaliser le *Garantisme*, et qu'à ce point de vue « ils sont de compte à demi avec lui ».

Toutefois, le principe de l'analogie a été manié par lui tout autrement que par eux, et l'a conduit sur un terrain neuf et inexploré que les philosophes n'avaient pas connu. Il a une telle confiance dans la sûreté de ce principe d'investigation, qu'il n'hésitera pas à le pousser jusqu'aux limites les plus lointaines de la recherche, et à en tirer les déductions les plus audacieuses. Dans cette foi absolue que rien ne déconcerte, est pour nous la cause de la nouveauté de ses découvertes les plus réelles, aussi bien que des chimères auxquelles elle conduisit ce génie sans frein ni mesure.

Dans cette méthode, en effet, il y a ce principe sûr et fécond que tout dans l'Univers est analogie, que tout ce qui est vrai s'enchaîne analogiquement, mais il y a aussi cet écueil que ce qui descend ainsi sûrement de la vérité à l'analogie, ne remonte pas avec la même certitude pour notre raison insuffisante et facile à égarer, de l'analogie à la vérité. C'est alors que commence le rôle de la science expérimentale qui retiendra les faits démontrés et éliminera les autres. Ce rôle est précisément celui que l'Ecole Sociétaire remplit vis-à-vis de Fourier et des autres grands investigateurs. Or la part réellement scientifique de l'investigation fouriériste est des plus considérables.

Fourier, comme Descartes, est frappé de l'incertitude de la plupart de nos connaissances, des erreurs sans nombre entre lesquelles se débat notre esprit ; il se place radicalement sur le terrain du doute absolu et s'en va par l'*écart absolu* à la recherche des *sciences fixes* qui seules comptent, au lieu des *sciences incertaines* ou rebelles à la nature qui sont : la *métaphysique*, le *moralisme*, la *politique* et l'*économisme*. Il reconnaît déjà comme sciences *certaines* ou fidèles à la nature : les *mathématiques*, la *physique*, la *chimie* et la *naturologie*.

Mais, au point de vue humanitaire, il y a aussi les quatre sciences vierges et utiles qui sont à créer et qu'il formule ainsi : l'*Analyse de la Civilisation*, les *Garanties solidaires*, les *Approximations sociétaires* et le *Calcul de l'attraction passionnée* (1).

Ce sont ces dernières sciences principalement que Fou-

---

(1) Sur ces quatre sciences, dont Fourier confiait la création à ses successeurs, deux sont aujourd'hui constituées en fait. Les bases du Garantisme, élaborées par Hippolyte Destrem, sont exactement la science des Garanties solidaires et celle des Approximations sociétaires.

rier a établies en principe et qu'il a voulu pousser aux plus extrêmes développements.

La tendance à l'unitaire harmonie universelle, dont il a eu, de même que les plus grands penseurs, la claire vision, lui a fait d'emblée concevoir pour l'humanité des destinées terrestres harmoniques dont les passions individuelles, motrices de chaque existence humaine prise en particulier, sont les indices actuels. Ce qui est aujourd'hui, dans la société, divergence, rivalité, désordre et malheur, faute d'entente, est appelé à devenir attrait, compensation, concorde et bonheur, lorsque tous les éléments passionnels actuellement divisés et isolés en leur action, s'étendront et prendront chacun la place spéciale qui doit leur revenir dans l'ensemble unifié des futures harmonies collectives.

« Les sons, écrit Fourier, ne s'accordent pas tous en musique ; les contigus discordent et pourtant la musique donne de belles harmonies. Il en sera de même des passions en essor combiné qui forment le concert social ; mais, dans l'essor civilisé d'à présent, en continuel conflit, les passions deviennent ce que seraient les cent instruments d'un orchestre d'opéra s'ils jouaient tous à part et sans s'accorder entre eux. »

Ce rapprochement entre l'harmonie passionnelle et l'harmonie musicale, idée qui déjà avait frappé Montesquieu, est plus qu'une image saisissante et une comparaison facile. En vertu de ce même principe d'analogie qui avait permis à Pythagore d'augurer des lois des mouvements des corps célestes d'après l'échelle des sons que rend une corde sonore aux différents degrés proportionnels de sa longueur et de sa tension, pourquoi n'y aurait-il pas aussi conformité de lois entre l'harmonie des divers sons et l'harmonie des différentes expressions passionnelles des hommes ? La science moderne a confirmé la conjecture de Pythagore ; un avenir plus ou moins lointain confirmera expérimentalement, nous en avons la certitude, la conception de Fourier : qu'à côté de l'harmonie des sons, de l'harmonie des couleurs, de l'harmonie des forces, il y a l'harmonie des

passions qui, dans l'ordre vital, sont aussi des parties relatives entre elles de l'intégrale entité humanitaire ; que tout
essor passionnel tend à occuper dans la collectivité sociale,
une place déterminée devant faire partie de l'ensemble
moral de cette collectivité, et que de l'équilibre ainsi obtenu entre les diverses parties du tout, résultera l'harmonie
synthétique des groupes humains solidarisés et devenus,
plus étroitement qu'ils ne le sont encore aujourd'hui, de
véritables organismes.

Cette conception de grandes existences collectives d'ordre
supérieur au simple individu, déjà vraie pour les divers
corps constitués, que nous connaissons : assemblées, partis,
corporations, armées, etc., acquiert, avec l'apport de ces
matériaux passionnels ne demandant qu'à être exactement
assemblés, une force, un degré de certitude, de l'évidence
la plus absolue.

Aussi, lorsqu'en regard de cette grande loi de l'attraction
physique qui gouverne la matière de l'Univers, Fourier
découvre et proclame l'existence d'une autre loi d'attraction morale qui s'impose à l'organisation humanitaire des
mondes et s'écrie : *Les attractions sont proportionnelles
aux destinées,* il énonce une de ces formules de génie qui
orientent l'humanité vers de nouveaux horizons.

N'est-ce pas la destinée individuelle aussi bien que la
destinée collective qu'indiquent et poussent vers le but qui
nous appelle, la forme, la qualité et l'intensité de cette impulsion innée en chacun de nous et que Fourier nomme
l'attraction passionnelle? Et cette loi naturelle ne peut-elle
être ramenée comme les autres à une formule véritablement scientifique ?

Il ne se contente pas, en effet, de jeter ce trait de lumière
dans ce coin ténébreux de l'inconnu. Il aborde, il étreint
ce problème, pour la première fois apparu, de l'attraction
passionnelle ; il scrute, il analyse, il décompose, pour ensuite comparer, classer, sérier, enfin synthétiser. Et de
cette étude toute nouvelle, où aucun précédent ne le guide
et l'éclaire, sort intégrale et bien détaillée une théorie

achevée dont nous allons donner ici, en l'empruntant à Victor Considérant, un succinct résumé qui en marque les principaux traits.

« Les passions humaines sont de trois ordres : le premier ordre correspond à notre nature physique, à la sensation ; il est formé des passions sensitives. Le deuxième ordre correspond à notre nature animique ; il est formé des passions affectives. Le troisième ordre correspond à notre nature intellectuelle, au besoin de combinaison et de mouvement ; il est formé des passions distributives. L'analyse de ces trois ordres va nous donner douze passions primitives et génératrices, dont les combinaisons comprennent et produisent toutes les autres, comme les couleurs du prisme comprennent toutes les nuances possibles (1).

1er ORDRE. *Passions sensitives.* — Il y en a cinq. Ce sont les besoins et les plaisirs attachés à l'exercice des cinq sens : vue, ouïe, odorat, goût et toucher.

2e ORDRE. *Passions affectives.* — Il y en a quatre. Ce sont les besoins et les jouissances attachés aux quatre affections de l'âme ; *amitié,* affection unisexuelle ; *ambition,* affection corporative ; *amour,* affection bissexuelle ; *familisme,* affection consanguine. Chacune de ces passions a deux ressorts dans notre organisme : un ressort matériel, un ressort spirituel. Dans les deux premières passions, le ressort spirituel tient le premier rang ; dans les deux secondes, c'est le ressort matériel qui a la supériorité. Les deux premières, où domine le principe actif ou spirituel, sont en plus grande affinité avec le sexe fort. Elles sont du *genre majeur.* Les deux dernières, où domine le principe passif ou matériel, sont en plus grande affinité avec le sexe faible ; elles sont du *genre mineur.* L'amitié régit l'enfance, l'amour vient ensuite, l'ambition règne sur l'âge mûr et les affections de famille sur le vieillard.

---

(1) Les couleurs du prisme se réduisent, elles aussi, à trois bases fondamentales : le bleu, le jaune et le rouge, dont toutes les autres couleurs ne sont que des combinaisons.   A. A.

En phase antérieure ou enfance, 1 à 15 ans, l'*amitié*.

En phase citérieure ou adolescence, 16 à 35 ans, l'*amour*.

En phase foyère ou virilité, 36 à 45 ans, *amour* et *ambition*.

En phase ultérieure ou maturité, 46 à 65 ans, l'*ambition*.

En phase postérieure ou vieillesse, 66 à 85 ans, le *familisme*.

Chacune de ces passions affectives est susceptible de donner un certain nombre d'*accords* ou *liens différents* entre les individus, suivant le nombre des ressorts passionnels et des individus. Les plus beaux accords sont produits par la réunion des liens matériels et spirituels. L'accord, en général, manque de noblesse quand il est produit par le ressort matériel seul ; mais il manque d'utilité, il n'est qu'une duperie sentimentale quand ce ressort est absent.

3e ORDRE. *Passions distributives.*—Il y a dans l'homme un besoin d'émulation, de rivalité, de cette sorte de plaisir qui se développe quand il est vivement intéressé dans une intrigue, quand il *cabale*. Cette passion fait le charme et la vie du monde galant, des coteries littéraires, des partis politiques, etc. Elle crée une *fougue réfléchie*, car l'esprit de calcul s'allie aux cabales les plus actives. Le jeu, le théâtre, le roman alimentent cette passion par les intrigues factices. Cette passion a dû être nommée par un mot nouveau : c'est la *cabaliste*. Elle fait naître les *discords*.

Vient ensuite la *composite* ou exaltante qui crée des accords par l'enthousiasme. C'est une *fougue aveugle* opposée à la *fougue réfléchie* de la cabaliste. La composite résulte de plusieurs plaisirs de l'âme et des sens goûtés simultanément.

Vient enfin la douzième passion, caractérisée par le nom de *papillonne*. C'est, dit Fourier, « le besoin de variété périodique, situations contrastées, changements de scène, incidents piquants, nouveautés propres à créer l'illusion, à stimuler sens et âme à la fois. Ce besoin se fait sentir modérément d'heure en heure. S'il n'est pas satisfait, l'homme tombe dans la tiédeur et l'ennui. C'est sur le plein essor de cette passion que repose la variété et l'enchaînement des plaisirs, l'art de vivre si bien et si vite. »

Cela fait douze passions de gamme ou primitives, soit : cinq sensitives : vue, ouïe, odorat, goût, toucher ; quatre affectives : amitié, ambition, amour, familisme ; trois distributives : cabaliste, composite, papillonne (1).

On ne parle ici ni de l'*unitéisme*, qui est la réunion de toutes les passions comme le blanc est la réunion de toutes les couleurs du prisme, ni du *favoritisme*, qui n'est qu'une combinaison capricieuse de quelques-unes. Si l'on ne fait mention de la haine, de la colère, de la vengeance, de l'avarice, de l'ivrognerie, de la peur, etc., c'est que ce sont des états d'âme signifiant efforts plus ou moins subversifs des passions primitives : avarice, exagération du ressort d'ambition ; ivrognerie, exagération de la passion du goût, etc.

SYNTHÈSE DE L'ATTRACTION PASSIONNELLE

Avant de combiner les matériaux rassemblés et analysés précédemment, il faut convenir d'abord que le mot *industrie* résumera tous les modes d'exercice de l'activité humaine utiles à la société. L'industrie comprendra alors les travaux domestiques, agricoles, manufacturiers, l'échange des produits, l'administration, l'étude et l'enseignement des sciences, des beaux-arts, etc.

Pour que l'homme trouve le bonheur dans l'accomplissement de sa destinée sociale, il faut le libre développement de toutes les passions constitutives de sa nature. A

(1) En musique, la gamme n'est composée aussi que de douze intonations ayant leurs discordances en intonations contiguës, mais leurs accords de tierce, quarte, quinte, etc., fondés également sur les contrastes. A. A.

ces conditions seulement, l'industrie sera *attrayante*.

Reprenons successivement les douze passions radicales pour connaître leurs exigences et les appliquer à la recherche de la solution scientifique de ce problème :

1er Ordre. *Passions sensitives*. — Chacune des passions sensitives tend au *luxe*, *luxe externe* ou richesse, *luxe interne* ou santé. Il faudra que le travail garantisse à l'homme une récompense matérielle, conduise le travailleur au moyen de s'élever au luxe de consommation.

2e Ordre. *Passions affectives*. — Ces passions, par leur double ressort (matériel et spirituel), tendent toutes les quatre à rapprocher les individus, à former le *groupe* : L'*amitié* (affection universelle) réunit les individus en groupes d'amis. C'est le groupe de *nivellement*, parce que son influence établit l'égalité. L'*ambition* (affection corporative) appelle aussi les individus à se réunir, mais pour se mesurer les uns aux autres et faire ressortir les rapports d'inégalité et de différence. Elle tend à former un *groupe* à rangs différents sur une échelle hiérarchique de grades où chacun aspire toujours à s'élever. L'amour de l'avancement en est le principe. L'*amour* (ou affection bissexuelle) a pour effet la déférence du sexe fort au sexe faible. Ce caractère est exprimé par le nom de *groupe d'inversion*. Le *Familisme* (ou affection consanguine) est le seul de ces groupes où entre un élément forcé, car on ne peut choisir en relation de consanguinité. Le ton de ce groupe est la déférence des supérieurs pour les inférieurs, l'idolâtrie aveugle des parents et des grands parents pour les enfants et les petits-enfants qui les continuent.

Les quatre passions dont nous venons d'examiner la tendance sont éminemment passions sociales, exigeant la réunion des individus, d'où leur nom de passions *cardinales*. Les passions sensitives, dont les jouissances peuvent être goûtées isolément, ne sont sociales qu'indirectement.

Les quatre groupes que nous venons de passer en revue peuvent, suivant l'influence du milieu, être *harmoniques* ou *subversifs*.

Si le groupe est harmonique, la *dominante* ou passion réelle est conforme à la *tonique* ou passion d'étalage. Le groupe est subversif quand la dominante est contradictoire à la tonique. Par exemple, la réunion de prétendus amis tout pétris d'égoïsme, n'ayant de l'amitié que le masque, et de mobile réel que l'intérêt, est un groupe subversif.

Les passions se prêtent donc merveilleusement au classement et à l'analyse, et, comme tous les ordres de phénomènes de la création, présentent des propriétés mathématiques.

3ᵉ Ordre. *Passions distributives.* — Comment faire éclore l'émulation dans les groupes de travailleurs, la *fougue réfléchie* de la *cabaliste ?* C'est en organisant une concurrence active entre ces groupes, en affectant un groupe à chaque nuance d'une industrie spéciale. Les produits de deux groupes voisins, différant très peu, entreront en comparaison, en antagonisme favorable à la perfection.

La cabaliste exige que l'on organise sur chaque fonction une *échelle très compacte*, une *série de groupes* différant très peu de proche en proche, et dans laquelle un groupe discordera avec ses deux voisins, comme dans la gamme chromatique chaque son discorde avec ses deux contigus.

Cette distribution des travaux de l'homme en *série de groupes* est conforme à la distribution des êtres sur lesquels son activité est appelée à se développer ; car les individus des trois règnes : minéral, végétal et animal, ont été créés en séries de familles, de genres, d'espèces, de variétés. C'est aussi la classification naturelle des sciences.

L'exercice *parcellaire* des fonctions, l'identité du but, les affections diverses, feront éclore la *fougue d'enthousiasme* (celle qui opère par élans irrésistibles et produit des résultats extraordinaires) et donneront essor à la *composite*, passion des accords, la seconde des trois passions distributives.

Mais l'homme ne peut, sans affaiblissement ou ennui, ne se vouer qu'à une seule fonction ; il faut l'exercice de toutes ses facultés physiques, animiques et intellectuelles.

Les exigences de la *papillonne* veulent donc que nous renouvelions nos occupations et nos plaisirs, et que nos travaux soient *variés* et de *courte durée*. La *papillonne* a un autre emploi important dans le mécanisme sociétaire, car elle relie toutes les industries spéciales entre elles par les migrations des travailleurs des unes dans les autres séries.

Ainsi les *passions distributives* concourent toutes trois à la *série de groupes*.

Les séries sont *rivalisées* par la *cabaliste*, *exaltées* par la *composite* et *engrenées* par la *papillonne*.

Les cinq passions *sensitives* tendent au *luxe*.

Les quatre passions *affectives* tendent au *groupe*.

Les trois passions *distributives* tendent à la *série de groupes*.

Et ces douzes passions ne peuvent être à la fois satisfaites que par l'application de la division sériaire aux travaux. »

Voici maintenant quelques passages de Fourier lui-même :

« L'harmonie passionnelle se composera, non seulement de sympathies, mais aussi d'antipathies nombreuses et utilisées ; elle emploiera les hommes tels qu'ils sont, elle prouvera que la raison humaine est en démence quand elle veut détruire le plus bel œuvre de Dieu, changer les passions, rendre les hommes tous frères et égaux, contre l'intention de Dieu qui veut que chacun ait au moins une vingtaine d'antipathies dans une phalange d'environ 1,800 personnes.

« ... Le mécanisme harmonien qui emploiera les vices comme les vertus prouvera que Dieu a bien agi en créant nos passions, qu'il fit bien tout ce qu'il fit, n'en déplaise à nos écrivains antagonistes des passions.

« ... Je n'emploie que trois ressorts en jeu d'attraction :

« 1° Les *séances courtes et variées*, qui ont la propriété de favoriser le plaisir, exercer tour à tour les diverses facultés corporelles et intellectuelles, permettre de *papillonner* d'une fonction à une autre.

« 2° Les *rivalités cabalistiques*. L'esprit de cabale double l'activité, l'émulation, l'intelligence. C'est par la cabale qu'on crée les discords émulatifs, aussi nécessaires en harmonie que les accords. Il faut donc exciter la rivalité cabalistique parmi les groupes d'une série industrielle, et le moyen le plus sûr est de graduer les nuances de fonctions en échelle très compacte, affectant un groupe à chaque nuance. Par cette méthode, chaque groupe sera en plein discord avec les deux sous-contigus.

3° Le *charme composé* ou réunion de deux charmes, un des sens, un de l'âme. Le double charme produit un entraînement, un enthousiasme aveugle, une illusion romantique. Le plaisir des sens, goûté isolément, nous paraît ignoble ; celui de l'âme isolément nous semble fadeur et duperie. L'espèce humaine veut le mode composé en plaisirs, elle veut satisfaire simultanément sens et âme. Le plaisir simple n'est admissible qu'en relai composé qui, par sa véhémence, énerverait corps et âme, s'il n'était tempéré par quelques séances de simple et de mixte. Le mode mixte est formé de deux plaisirs des sens ou deux plaisirs de l'âme ; il est moins véhément que le mode composé, mais il a des emplois très précieux.

En outre du plaisir de mode composé, de mode mixte et de mode simple, il y a le *parcours* à grand nombre de plaisirs cumulés ou présentés successivement. Le parcours est un plaisir inconnu des *civilisés ;* il faut les ressources immenses de l'ordre sociétaire pour créer de pareilles jouissances.

Au résumé, ces trois leviers : *courtes séances, intrigues cabalistiques* et *charme composé*, sont les trois ressorts sur lesquels repose tout le mécanisme des séries passionnées appliqué à l'industrie pour la rendre attrayante. On ne pourrait pas vaincre les obstacles apparents, comme le conflit des passions, des caractères, etc., si l'on était réduit aux moyens connus ; mais le mécanisme sociétaire est une science neuve, pourvue de ressorts neufs, et si exacte dans sa classification de degrés praticables, au nombre de quatorze, qu'on peut déterminer pour chacun des degrés la somme de forces motrices, les doses d'harmonie à obtenir, tant des accords que des discords ; je ne saurais trop redire que les discords y seront aussi nécessaires que les accords.

Un civilisé ne manque jamais de s'écrier :

— Comment pouvez-vous mettre les hommes d'accord !

— Eh ! l'on ne veut accorder ni les hommes ni les femmes, car il faut au moins trente mille antipathies dans une phalange de grande échelle, et des discords en bien plus grand nombre, mais on saura utiliser tous ces ressorts. Si je prétendais mettre d'accord les divers caractères, je ne serais qu'un écho des philosophes, qu'un champion d'égalité. Lorsque j'affirme si hardiment que tels et tels prodiges seront faciles comme jeux d'enfants, c'est que je possède le moyen d'utiliser tous les penchants qu'on a jugés vicieux : cupidité, égoïsme, orgueil, insouciance et d'autres dont le créateur ne les aurait pas dotés s'il ne leur eût assigné un emploi dans le mécanisme social qu'il dut composer avant de nous créer ».

On voit déjà combien cet accord ou cette opposition des ressorts passionnels et cette distribution en groupes et séries de groupes, dans les assemblages sociaux, est conforme à ce qui se voit dans les trois règnes de la nature, où tout est groupement d'unités, groupement de groupements et hiérarchie, ainsi qu'accords ou conflits au sein d'une harmonie universelle.

L'on comprend aussitôt quelle importance prend cette théorie naturelle, scientifique, et quelles déductions en résultent pour la connaissance et la pratique de la vraie sociologie. Au lieu de cet individualisme, de cet utilitarisme d'importation étrangère, qui paraissent prévaloir aujourd'hui en France, et qui sont destructeurs de toute solidarité humaine et de toute élévation morale ; au lieu de cette tendance décevante à une égalité qui ne peut exister dans la société, pas plus qu'elle n'est dans la nature, qui ne crée pas deux êtres semblables, nous sommes en présence de l'humanité tout entière envisagée dans sa réelle existence collective, dans l'harmonie qui doit présider de plus en plus aux associations humaines de tout ordre et dans ses lois naturelles, dont l'observation assurera le bonheur des hommes individuellement et collectivement, parce que les hommes ne sont qu'infimes parties composantes d'un grand être collectif vivant d'une existence supérieure dont leur destinée particulière dépend étroitement.

D'autres avant Fourier avaient conçu la marche, l'avancement continu du genre humain représenté en totalité. Descartes avait déjà, dans son immortel *Discours de la Méthode*, un passage où il considère l'humanité comme un seul et même être se développant au cours des âges ; Turgot et Condorcet avaient produit l'idée du progrès continu de la perfectibilité de l'humanité prise en bloc dans sa carrière sociale ; Saint-Simon proclamait lui aussi cette idée de perfectibilité, lui assignait un but, et il concevait un historique comprenant des phases alternatives d'*époques organiques* et d'*époques critiques*, les unes pour ainsi dire de *croissance* et les autres d'*affaissement*, de préparation à des édifications nouvelles.

Mais aucun de ces penseurs n'a fouillé et résolu le problème de la solidarité humaine dans le temps, comme seul Fourier l'a su faire, en lui donnant une précision réellement scientifique.

Continuons l'exposé rapide des théories de Fourier en arrivant à ses grandes vues synthétiques sur la science de l'humanité et de la nature, telles que les résume Jules Lechevalier :

« Cette science (celle de l'humanité) a pour principe l'étude de l'*attraction passionnelle* qui est la force impulsive et non pas l'étude des phénomènes idéologiques, comme le prétendent les philosophes. Pour arriver à *connaître*, l'homme doit se prendre lui-même pour critérium et établir par analogie :

Son *unité interne* avec *lui-même* par l'harmonie sociétaire et l'équilibre de ses passions.

Son *unité externe* avec *lui-même* par l'équilibre de ses forces organiques et la possession intégrale du globe.

Son *unité interne* avec *Dieu* par le plein essor de l'attraction passionnée.

Son *unité externe* avec *Dieu* par l'immortalité et la science de ses destinées futures.

Son *unité interne* avec l'*Univers* par analogie des passions aux substances de tous les règnes.

Son *unité externe* avec l'*Univers* par les communications aromales des astres.

Cette unité, par rapport à l'homme, est *sienne* parce qu'elle a pour centre et pour foyer sa volonté, son âme. En effet, cette tendance à l'unité ne serait qu'incertitude, cercle vicieux, si elle n'avait pas une clef, un principe actif.

L'*attraction passionnée*, voilà ce qui établit le rapport entre Dieu et l'homme, entre l'homme et l'Univers ; c'est une *boussole de révélation permanente*. En donnant à la science ce principe d'investigations, Fourier a établi une base de certitude bien autrement large que l'*induction logique* de l'idéalisme ou l'*observation expérimentale* de l'empirisme. Il domine ces deux méthodes de toute la distance d'un principe fixe à une certitude arbitraire et indéterminée.

On peut remarquer ici quelque rapport avec la conception saint-simonienne, qui donnait à toute chose pour principe l'*amour* et pour fin l'*harmonie*, et qui reconnaissait pour boussole de révélation le *désir*. Mais les saint-simoniens n'ont pas fait l'analyse et la synthèse de l'amour, de la volonté, de l'attraction, et même ils n'ont pas osé établir comme *vérité absolue* ni le principe d'analyse qui est dans l'attraction passionnelle ni l'application intégrale de ce principe aux divers mouvements. Il n'y avait de vérité absolue pour eux que le progrès. Ce qui distingue Fourier, c'est qu'après avoir posé le principe, il a fait l'analyse des passions, et après cette analyse, le calcul synthétique de la *vérité supposée*. Ceci l'a conduit par induction à une *théorie d'unité universelle* et à une conception des destinées générales et individuelles de l'humanité.

La foi au *progrès* n'est bonne qu'à l'époque où l'humanité commence à peine son progrès ascendant. Mais croire à une ascension indéfinie et éternelle est une monstruosité logique qui nous met en contradiction avec toutes les lois de la nature et de l'humanité : contradiction avec la nature, parce que tous les mouvements de la vie sidérale ou animale sont soumis à la *naissance*, à la *croissance*, à la *maturité*, au *déclin*, à la *mort* ; contradiction avec les lois de l'humanité, parce que la vie terrestre des individus et des peuples nous présente les mêmes phénomènes de naissance, croissance, maturité, déclin et mort. Sous ce rapport, le système historique des saint-simoniens était la négation, non pas seulement des principes scientifiques de Fourier, mais de celui qu'eux-mêmes avaient établi. Ils disaient : L'espèce humaine est un individu collectif qui suit dans les périodes historiques la même loi que l'homme individuel dans la vie des âges. Donc (réelle inconséquence) l'humanité est destinée à grandir toujours et à passer par une transformation finale sans avoir subi la vieillesse.

Le *progrès continu* par rapport à l'avenir est un non-sens logique ou analogique, car l'homme et l'humanité, ayant eu sur cette terre un *commencement*, auront une *fin* après avoir passé par les phases de croissance, apogée et déclin. Autrement la vie et la mort seraient des effets sans cause.

Toutes les races, tous les peuples, tous les individus dans l'humanité sont liés entre eux par une *homogénéité* de nature passionnelle ; tous ont le même fonds, les mêmes passions ; mais chaque destinée individuelle est un degré différent de la grande échelle humanitaire. L'existence entière a un nombre *défini* de phases ascendantes et descendantes ; chacun des espaces que nous nommons une vie n'est pas autre chose qu'un point déterminé dans cette série ; chaque phase est marquée à un coin particulier qui constitue un *caractère* et donne lieu à une action, à un rôle dans la destinée spéciale de l'individu. C'est là l'*individualité*. Chacun a une mission que nul ne peut remplir pour lui ; chaque caractère *tel qu'il est* est bien fait.

L'*égalité* telle que l'entendent les philosophes est contradictoire avec leurs propres notions et détruit toute idée positive de bien et de mal. Cette égalité simultanée et contemporaine est un rêve, et, si cette égalité parfaite se réalisait jamais, ce serait l'aplatissement universel du genre humain : Deux hommes absolument égaux n'auraient jamais rien à dire ni à faire vis-à-vis l'un de l'autre.

Il n'y a d'égalité absolue que dans le terme final de l'évolution de notre humanité, et d'égalité relative actuelle que dans l'équilibre approximatif et compensatif d'*heur* et de *malheur* des différentes individualités selon leur nature et leur rôle particuliers dans la grande existence sociale.

Fourier seul donne un type fixe de bien et de mal, une loi certaine de punition et de récompense, tout comme elle représente toute la vraie notion de l'égalité : le *bien* pour l'*individu*, c'est l'essor et l'équilibre de toutes les attractions naturelles ; le *mal*, c'est ce même équilibre des impulsions naturelles rompu ou cherchant à s'établir. Dans le mouvement universel, le bien *absolu*, c'est l'équilibre et l'harmonie des forces, quelles que soient leur intensité et leur direction ; le mal *absolu*, c'est la rupture de l'équilibre. Tout mouvement, toute société, tout individu qui n'a pas un équilibre volontaire et attractionnel, est dans le mal, souffre, périclite. Tout mouvement, toute société, tout individu qui vit dans cet équilibre est heureux, juste, libre.

La planète, l'espèce, l'individu qui *obéissent* à la loi, à l'attraction universelle, sont récompensés immédiatement et *de facto*.

Dans la théorie d'unité universelle, tous les mouvements

sont considérés comme appartenant à une même série dont le mouvement social ou humanitaire est le pivot, car il y a unité de système de mouvement pour le monde matériel et pour le monde spirituel. De prime abord, ce mot fait reculer d'effroi les législateurs, qui croient qu'on veut ramener la volonté à la mécanique ; mais non seulement l'humanité n'est point mécanisée, mais nous croyons qu'il n'y a rien de purement *mécanique* dans l'univers. La nature est douée de la vie volontaire et passionnelle ; notre âme, miroir fidèle, nous réfléchit les mouvements divers de cette vie humanitaire qui anime tout ce qui est.

Lier les faits et montrer leur enchaînement logique par rapport à une donnée ou à une hypothèse : voilà la *science des effets;* c'est la science de nos jours, dite *positive*, et qui l'est assez peu pour regarder comme arbitraire la donnée fondamentale de toutes les théories. Cette science n'en est encore qu'à son commencement, car il n'y a de bien connu que les lois générales de la gravitation et quelques autres lois spéciales de la physique, de la chimie, de la physiologie.

Lier les faits par une cause *volontaire* qui exprime leur but, leur destination, leurs phases diverses de naissance, croissance, apogée, déclin et mort, et leur *ordre de création:* voilà la *science des causes.* Et cette science n'a été encore soupçonnée que par quelques esprits hardis, qui n'en ont pas découvert le principe. Ce principe nous est donné par l'étude de la *volonté humaine* considérée dans ses mouvements principaux avec essor *dualisé* en *subversif* et *harmonique.* Les *causes*, manifestations du principe *actif*, engendrent les *effets*, états divers du principe *passif* suivant la loi mathématique de la *série* qui est le principe *neutre*, distributeur et régulateur du mouvement.

Il y a *analogie* entre toutes les causes, tous les effets et toutes les séries dont le jeu constitue le mouvement universel.

Il n'y a qu'une science, celle du mouvement ; il n'y a qu'une loi, celle qui pousse tous les corps à l'équilibre par l'attraction; il n'y a qu'un principe, celui de l'harmonie qui suppose un nombre infini d'êtres divers et hiérarchiques, distribués les uns par rapport aux autres en *groupes* et en *séries* de groupes.

Tout *mouvement* a un *commencement*, une *ascendance*, une *apogée*, un *déclin*, une *fin*; les divers mouvements sont liés et s'engrènent les uns dans les autres par des *transitions* en mouvements ambigus qui tiennent à la fois de l'un et de l'autre, de celui qui finit et de celui qui commence. Les deux *extrêmes* de chaque mouvement se ressemblent et se touchent; ils ont pour caractère l'irrégularité ou mieux *l'exception* qu'il faut compter en moyen terme à un huitième.

L'exception constitue la douleur, le *mal*, et le mal représente *l'essor subversif* d'un mouvement qui cherche son équilibre ou qui l'a perdu.

Le mouvement suppose *l'attraction volontaire* qui est le principe animique de tout ce qui est: Dieu, homme ou univers. Il y a *unité* dans les divers *ordres* de l'échelle du mouvement.

De cette conception résulte une notion de Dieu qui développe et agrandit la notion chrétienne, mais ne la détruit pas. Il y a *trois* principes : 1° le *principe actif* et *moteur*, *Dieu* ou *Esprit*; 2° le *principe passif* et mû ou la *matière*; 3° le *principe neutre* ou loi mathématique et éternelle du mouvement (1). L'époque du *mal* dans la carrière de tous les êtres correspond au moment où la *force active* ne domine pas le principe *passif* sous l'influence équilibrante du principe *neutre*, lequel est distributeur proportionnel du mouvement.

Fourier admet la notion de *Dieu, personne absolue* réfléchie dans la personnalité humaine. Ses attributs sont:

1° Direction intégrale du mouvement;

2° Économie des ressorts :

---

(1) Ce troisième principe neutre a-t-il bien la valeur et l'indépendance d'un principe à part ?   A. A.

ə Justice distributive ;

4° Universalité de providence ;

5° Unité de système.

Il reconnaît de même le *Dualisme* de l'*Esprit* et de la *Matière* comme deux principes qui doivent s'harmoniser, non par *équation*, mais par une *conciliation hiérarchique* au profit de la force animique ou motrice. Le suprême but est l'équilibre des deux extrêmes : les *appétits sensitifs* et les *affections animiques*, au moyen des ressorts distributifs et sous l'influence de l'*unitéisme*, foyer et pivot de la vie, de la force animique.»

Tout système universel, toute doctrine intégrale a sa science, sa philosophie, sa cosmologie.

Une doctrine de l'ampleur de celle qui vient d'être résumée ne pouvait manquer de remplir ces trois conditions.

La *Science* présentée ici dans sa loi fondamentale qui n'est autre que le mouvement, c'est bien la science moderne dont nous voyons aujourd'hui converger tous les rayons en un même faisceau vers le seul principe du mouvement. La *philosophie* de Fourier, celle de l'harmonie humaine et de la notion du bien et du mal correspondant aux pentes favorables ou contraires à cette règle nécessaire d'harmonie ; celle du but de l'ensemble des tendances personnelles de toute nature qui est de former un grand tout synthétique parfait, partant du relatif individuel et aboutissant à l'absolu collectif ; celle qui a pour fin le bonheur moral et matériel à la fois des hommes et des sociétés ; quelle autre philosophie plus élevée et plus vraie, plus conforme à la nature, opposerait-on à celle-là ? Cette philosophie est en outre hautement religieuse : Pour Fourier, la Volonté universelle ou divine se manifeste par l'attraction universelle, dans l'ordre moral aussi bien que dans l'ordre physique. « L'attraction vient de Dieu, dit-il, le devoir vient des hommes. » Aussi le devoir social peut-il varier, mais l'attraction divine, effectuée ou non, ne varie pas. Quant à sa *Cosmologie :* Dualisme de l'Esprit et de la Matière (faisant ici abstraction du troisième principe *neutre* de Fourier), personnalité divine agissant sur le principe matériel par l'œuvre d'une volonté active qui se dénonce dans la marche régulière et ordonnée de l'évolution universelle, et qui se reflète dans l'âme humaine, c'est la cosmologie des grandes croyances religieuses et philosophiques de tous les temps, celle qui s'impose d'elle-même et persiste à travers tous les systèmes, celle qui développe et agrandit la notion chrétienne. Elle est au fond du mazdéisme persan , du brahmanisme hindou, de l'hermétisme égyptien, de l'enseignement ésotérique du paganisme gréco-romain, du druidisme même de nos pères celtes ; c'est le dualisme formel de Platon, à cette différence près que Fourier donne aux lois mathématiques et éternelles qui règlent tout mouvement, la valeur d'un principe à part, le principe *neutre*, au lieu de laisser cette loi des nombres rester ce qu'elle est, un attribut essentiel appartenant en propre aux atomes qui constituent la matière éternelle, cette matière ou substance universelle sur laquelle, selon la formule sublime de Platon, « opère le Démiurge dont le pouvoir est à son tour limité par la substance. » L'atome, quantité *finie* en nombre *infini* (1) subit l'action du premier Principe actif et moteur,

---

(1) Qu'on nous permette ici une digression rapide sur le *fini* et l'*infini* et sur la *raison des nombres*, dont la notion se lie étroitement avec le sujet que nous traversons en ce moment.

Il n'est guère de point qui ait été plus controversé en métaphysique que celui de la nature de l'infini, et il ne manque même pas de métaphysiciens qui n'admettent que l'indéfini et prétendent que l'infini ne saurait exister, se basant pour cela sur l'infini arithmétique incalculable. Des esprits subtils se sont demandé si le nombre infini était pair ou impair ; si la moitié du nombre infini serait également infinie ; ils ont trouvé qu'un nombre infini d'hommes serait moins infini que le nombre de cheveux de cette infinité d'hommes. Donc, leur semble-t-il, l'infini *n'existe pas !*

Ces esprits raisonnent de l'infini par les calculs qui n'appartiennent qu'aux nombres finis, et ils triomphent, à leur sens, de Descartes et de Pascal qui font de l'infini une idée primordiale et évidente en soi, de même qu'Aristote qui en donne la meilleure définition: « Ce dont quelque partie est toujours au delà ».

Confusion de mots et rien autre chose. L'infini n'est pas un nombre, puisque, s'il l'était, il serait un fini. Le pur infini s'enfonce toujours plus avant, sans qu'il y ait ni division ni propriétés arithmétiques dont on puisse

mais dans la seule mesure de sa propre loi de rassemble-
ment en groupes et séries de groupes atomiques constituant tous les aspects matériels de l'Univers. Principe

le saisir, car on ne saisit pas l'insaisissable. Dire un nombre infini est un
non-sens, puisqu'un nombre est nécessairement un fini. Et dire : le carré ou
le cube de l'infini est plus grand que l'infini lui-même est donc un autre
non-sens, puisque l'infini n'est pas un nombre déterminé ni calculable.

Quant à ces groupes d'unités que nous appelons des nombres, leur notion
n'est pas une chose purement abstraite, non plus que les merveilleuses combinaisons de leur arithmétique n'est purement idéale. Il faut enfin comprendre que l'idée même que nous avons de l'unité ne peut venir que de
l'atome, *unité universelle finie*, et qu'on ne peut s'imaginer autrement que
finie sans nier en même temps l'existence de l'univers matériel lui-même
et de tous les corps distincts qu'il nous présente, et qui ne sont des objets
à volumes et contours arrêtés et précis, que parce qu'ils sont formés d'unités
précises et irréductibles, s'arrêtant à un nombre réel et déterminé. C'est là
*la raison des nombres et de leur rôle dans tous les aspects consécutifs
de l'univers.*

Les dispositions réciproques des atomes, leurs assemblages et leurs rapports
de groupes et de séries de groupes sont l'arithmétique et la géométrie elles-
mêmes, choses existant en soi et que nous ne pouvons que découvrir et
constater sans rien y ajouter, ni retirer, ni modifier. Et leurs calculs de
grandeurs vont à l'infini parce que la notion d'étendue, qui n'existe que par
la multiplication des unités atomiques, de même que la notion du temps
est celle de leur mouvement, ne peut avoir de limites. C'est pour cela qu'un
théorème géométrique, un calcul arithmétique, ne sont pas seulement des
opérations de l'intelligence, mais aussi des réalités effectives qui peuvent
être dessinées ou construites en formes matérielles.

Dire que l'infini n'est pas divisible ou réductible est aussi absurde que de
nier que les nombres, les objets matériels, les astres, toutes choses divi-
sibles et subdivisibles, ne sont pas compris dans l'infini.

La notion que nous avons de l'unité numérique nous vient, disons-nous,
de l'atome. L'unité idéale n'est que le concept de l'unité matérielle et réelle.
Ne sommes-nous pas matériellement et spirituellement un produit, un reflet
du milieu universel, ne possédant en nous-mêmes rien qui ne soit appartenant à l'universelle nature matérielle et immatérielle dont nous sommes pétris ?

L'unité atomique est, répétons-le, irréductible et finie, puisque la matière
que ses rassemblements constitue, présentent des dimensions finies. Sans
atomes arrêtés, point de matière possible. Aussi, lorsque par une opération
tout idéale, nous faisons au-dessous de cette unité absolue des calculs divi-
sionnels indéfinis, reflets en sens inverse des calculs multiplicatifs, cela ne
prouve nullement que l'unité atomique soit en réalité divisible. C'est à cette
illusion que se rapporte la métaphysique de la pure énergie qui serait
seule existante, et qui a ses partisans, lesquels nient la matière et la réalité
des corps qui occupent nos sens. Alors nous serions tout aussi fondés à nier
que ces subtils raisonneurs aient jamais existé eux-mêmes en chair et en
os. Mais ne versons pas dans l'absurde.

A. A.

spirituel, principe matériel, c'est là tout. Fourier lui-même
ne proclame-t-il pas la seule dualité de l'essor humain
(reflet divin) conforme à la dualité d'essor du mouvement
matériel ?

Quant à la direction et au but final de l'impulsion origi-
nelle, depuis la naissance des mondes jusqu'à leur disso-
lution, il y a nécessairement là pour les hommes une
inconnue suprême, une fin supérieure qui reste encore le
secret du Principe intelligent, actif et voulant que nous
appelons Dieu.

Nous avons présenté et développé ailleurs (1), avant que
nous connussions la doctrine fouriériste, le dogme dualiste
dans son enchaînement scientifique, biologique et religieux. A présent, notre foi dans le même Dieu, *personne
absolue* et *active*, doué de *volonté* et de *force* (puisqu'il
est moteur de la matière) et se réfléchissant avec tous ses
attributs, dans la personnalité humaine, se reconnaît
appuyée par ce côté semblable de la conception fouriériste,
et notre même croyance en l'*unité* de la vie universelle
remontant au *Principe-Esprit*, commencement et fin de
toute existence terrestre, se confirme pour une grande part
dans l'*unitéisme* des destinées humaines et de celles des
autres existences astrales dont Fourier fait le couronnement de sa doctrine.

Cette cosmologie rationnelle de Fourier, son spiritua-
lisme et les développements cultuels qu'il permet, sa synthèse grandiose de l'humanité entière parcourant à travers
les âges, et telle qu'une seule et même existence, ses
phases organiques de développement, dont les premières
historiquement connues lui permettent de prédire celles
qui devront suivre ; sa loi des séries de groupes et de l'attraction passionnelle, qui donne une base scientifique aux
organisations humanitaires, à la politique, au droit social

---

(1) *Catéchisme dualiste.* Essai de synthèse physique vitale et religieuse.
1 vol. in-12 chez G. Carré 35, rue Saint-André-des-Arts.

comme au droit individuel, à tous les désiderata de la sociologie : voilà les titres indéniables de Fourier à l'hommage et à la reconnaissance de la postérité. Ces titres sont assez grands et assez positifs pour que nous puissions lui passer, sans nous y arrêter autrement, les côtés discutables, les rêveries auxquelles il a pu se laisser entraîner par un abus de la méthode d'analogie, qui n'est sûre qu'autant qu'elle peut être contrôlée par la science expérimentale. Et encore reconnaîtrons-nous souvent dans ses erreurs mêmes, et bien que sous une forme souvent bizarre, comme des éclairs de divination jetés au sein de l'incommensurable inconnu qui nous entoure. Ses voies pour aller à la vérité ne sont pas assurément celles qui induisaient Descartes à proclamer *qu'il ne peut y avoir de vérités si éloignées auxquelles on ne parvienne, ni de si cachées que l'on ne découvre.* Cependant Fourier, qui ne rend pas toujours justice à Descartes, reste frappé de ces paroles, et lui-même se plaît à citer souvent cette sublime affirmation du grand philosophe.

Disons d'abord ce que sont ces quatre mouvements cardinaux que Fourier prit pour titre de son premier ouvrage. Ce sont :

1° Le mouvement *matériel,* celui de la matière pondérable des atomes dont est formé l'univers physique ;

2° Le mouvement *aromal,* mot créé par Fourier pour désigner ce que la physique nomme les fluides impondérables, dont l'existence s'étend pour lui d'astre en astre, tel que le magnétisme et l'électricité, et parmi lesquels il comprend l'influx vital qui met en communication secrète, par autant de *cordons aromaux,* les existences qui animent les différents mondes de l'espace ;

3° Le mouvement *organique,* comprenant les lois qui règlent les formes, les propriétés et tous les effets sensibles des vies planétaires ;

4° Le mouvement *instinctuel,* celui des penchants innés, celui des animaux doués de cette première aurore de volonté qu'on appelle l'instinct.

En outre, il faut compter un cinquième mouvement essentiel, générateur des autres, celui de la *tige pivotale* ou le mouvement *volontaire* ou *passionnel* qui est le grand ressort de volonté, soit divine, soit humaine, la vie même de l'humanité, et qui représente pour nous la clef de divination de tous les autres mouvements universels, lesquels doivent se coordonner avec celui-là.

Tous ces mouvements relèvent des mathématiques, sans lesquelles il n'y aurait pas d'harmonie dans la nature et auxquelles Dieu lui-même, dit Fourier, est contraint de s'assujettir (1).

Fourier fait les astres vivants et leur donne à chacun deux sexes, le fluide boréal mâle et le fluide austral femelle. Ce mot sexe se trouve avoir ici une acception figurée comme lorsque Fourier voit un *sexe neutre* dans l'enfant, après le sexe mâle et le sexe femelle des adultes.

Ces rapports astrals réciproques peuvent apporter les modifications les plus profondes à la constitution physique et vitale de tel ou tel de ces différents mondes. C'est ainsi que le nôtre pourra voir, par exemple, l'eau de ses océans purgée de son amertume par un influx d'arome acide émané de la planète Jupiter, et son climat changé en un printemps uniforme et perpétuel, non seulement au moyen de travaux gigantesques d'assainissement et de défrichement bien équilibrés, mais encore par un emmagasinement propice et une nouvelle distribution de la chaleur solaire, car Fourier a le pressentiment de travaux surhumains que les périodes futures verront accomplir par leurs *armées industrielles* qui auront pris la place de nos soldats actuels.

Il prétend préciser les emplacements des astres par ses seuls calculs analogiques ; désigner d'autres planètes du système qui sont encore inconnues des astronomes ; don-

---

(1) Pour nous, les mathématiques ou lois du mouvement ne représentent que la conciliation de l'impulsion et la force initiales venant de Dieu, et de la réaction de l'énergie propre du principe matériel, qui tend constamment dans les mondes en évolution à revenir à son équilibre primordial rompu par la force, par l'impulsion initiale.   A. A.

ner la règle des conjugaisons, de la répartition et du nombre de leurs satellites, formuler la loi de distributions des formes, propriétés, couleurs, saveurs, organes, instincts, goûts, passions, attributions quelconques dans tous les règnes de la nature.

Fourier, sur cette pente hyperbolique, ne recule, on le voit, devant rien. Il prédit la régénération future de l'espèce humaine par des croisements minutieusement décrits, en douze greffes croisées en divers sens, des races noire et blanche, et de ce raffinage sortira une humanité plus belle, plus forte, ayant une longévité double de celle d'aujourd'hui, possédant l'amphibéité, la repousse des dents comme celle des ongles, l'endolorisme facultatif contre le mal, des organes nouveaux mêmes, à la hauteur des besoins de son intelligence agrandie, suite et continuation du perfectionnement vital qui n'a pas cessé et ne cessera pas encore de progresser sur le globe, depuis l'apparition des premières existences rudimentaires. Cet homme perfectionné sera servi par des espèces animales, même parmi les plus féroces, qui auront été domestiquées : les tigres s'attelleront à ses chars, et les monstres de l'océan emporteront rapidement ses vaisseaux de rivage en rivage.

Remarquons que, lorsque Fourier conçoit les grands contrastes et les extrêmes, qu'au lion il oppose l'antilion, au tigre l'antitigre, il est toujours guidé par les grandes vérités naturelles. Pour tout grand desideratum universel ou social, il faut, à ses yeux, une solution inéluctable, et dans ses syllogismes les plus aventurés, si la mineure des deux prémisses est trop imaginaire, la majeure et la conséquence du moins sont vraies. Fourier, par exemple, n'a pas connu l'électricité ni les services rapides réalisés de nos jours, mais la nécessité de la rapidité des communications terrestres s'imposait à sa pensée, et il en cherchait la solution dans de fantaisistes animaux, mettant au service de l'homme une extraordinaire vigueur et une grande vélocité.

Enfin les sciences, les arts, compteront par millions des

génies qui les élèveront sans cesse et bien au delà de ce qu'ont pu faire les savants, les poètes, les artistes du passé.

Quant au genre humain lui-même, il doit durer 80,000 années divisées en quatre phases : une de malheur qui existe depuis 6,000 ans, une de solidarité et une d'harmonie qui feront 70,000 années de bonheur, et, pour finir, une de décadence qui périra au bout de 4,000 ans.

Ces prédictions risquées, non plus du Fourier penseur, mais du Fourier poète, nous les donnons pour ce qu'elles valent, et à seule fin de témoigner de la sincérité et du discernement que nous mettons à honorer et à juger en même temps le fondateur de notre École Sociétaire, allant ainsi au-devant des plus sérieuses objections qu'on pourrait nous opposer.

Rentrons dans le domaine plus assuré de la vie présente et de la sociologie théorique et pratique où Fourier se montre toujours clairvoyant, logique et profondément humain.

Sur ce terrain, Fourier voit plus loin et plus juste que personne. Entre les utopies qui avaient cours de son temps, il ne cesse de combattre surtout les théories communistes de l'Anglais Owen, théories que Babœuf avait épousées à peu de différence près, et répandues en France au temps de la Révolution. C'était radicalement l'égalité dans la possession par la communauté des biens avec abolition de l'hérédité, la fraternité poussée jusqu'à la promiscuité des femmes par l'abolition du mariage, et la suppression de tout culte religieux. A Saint-Simon, ou plutôt aux saint-simoniens, il reproche aussi l'abolition de l'héritage, c'est-à-dire la mainmorte généralisée, la tyrannie théocratique seule distributrice des récompenses du travail selon les œuvres de chacun, l'immobilisme en matière de production agraire, enfin les droits monstrueux que s'arroge le sacerdoce. D'Azaïs même, le doux philosophe de la théorie des *compensations*, qui voyait le monde parfait tel qu'il a été créé, et les sorts égaux par l'équilibre relatif des biens et des maux de toute sorte, il combat l'optimisme fataliste et immobilisateur.

Pour lui, Fourier, la société civilisée n'est qu'un tissu de maux et d'injustices qui demande une refonte complète. Mais il ne veut pas détruire, comme les owenistes et les saint-simoniens, le droit à la propriété. Il n'entend au contraire que le redresser en procédant par un mode de *répartition* des biens plus proportionné. Cette répartition a été considérée par Fourier comme le problème *pivotal* de l'art d'associer. En effet, organiser le travail n'est rien si l'on ne donne pas en même temps le moyen de partager avec équité les fruits du travail. Il tire parti de l'égoïsme humain pour réaliser la *justice distributive*. Sans le bien-être général, sans le *droit au travail* et une *répartition* un peu équitable du revenu total du pays, les droits politiques nouveaux, les remaniements de gouvernement, la liberté même, n'ont aucune valeur.

Son moyen, c'est le vote à tous les degrés de l'organisation sociale.

Le mouvement économique qui se dessinait déjà au commencement de ce siècle avait éclairé Fourier sur les proportions monstrueuses que prenait le capital et les conséquences antidistributives auxquelles il tendait, et dont nous constatons aujourd'hui les insoutenables réalisations. Dès 1808, Fourier écrivait ceci : « Il est donc prouvé que le mouvement social actuel tend à dépouiller de plus en plus les classes inférieures et pauvres au profit des classes supérieures et riches ; il est avéré que l'industrie et le commerce, dont l'influence a détruit la féodalité nobiliaire en diminuant peu à peu les servitudes personnelles et directes, opèrent de nos jours, en continuant leur développement, l'accroissement des servitudes collectives et indirectes, et organisent rapidement la *Féodalité mercantile, industrielle* ou *financière*. Ces choses appartiennent à la phase de caducité de la *civilisation*, phase la plus douloureuse comme la plus odieuse de la vie des peuples. »

Cette annonce de la nouvelle tendance outrée de la fortune publique à se répartir de plus en plus inégalement, Saint-Simon l'avait faite aussi en termes qui ont la précision d'un axiome : « Avec les conditions actuelles, il est forcé que les riches deviennent toujours plus riches, et les pauvres toujours plus pauvres. »

La théorie phalanstérienne, sur laquelle nous ne sommes pas revenus dans cet Aperçu théorique, cherchait précisément une forme d'organisation où tous les desiderata de justice distributive et de bien-être pour tous se réaliseraient. Là, comme toujours, Fourier partait du principe d'analogie et disait ceci : « Si tout est dans tout, l'espèce humaine, agglomérée en masses nombreuses, a donc la propriété d'organiser l'industrie équitablement distributive, car elle s'établit chez les abeilles, guêpes, castors, etc., lorsqu'ils sont en nombre et pourvus des éléments nécessaires. » Seulement, sur un thème aussi terriblement compliqué dès qu'il s'agit de l'espèce humaine, de la théorie à la pratique il y a loin, et une telle expérience absolument conforme aux prémisses de la théorie ne se fera pas de sitôt.

Il n'en existe pas moins des parties réellement pratiques et dont l'application produirait les plus grands bienfaits sociaux. Tel est ce *minimum* dué sur lequel Fourier insiste souvent : « Il n'y a point, dit-il, de contrat social tant que la masse n'est point obligée solidairement pour garantir à l'individu infirme ou malheureux, aux enfants et aux vieillards, un entretien décent, un *minimum* de bien-être ; mais cette première condition ne saurait être remplie sans avoir résolu la question de l'*équilibre de population*, qui ne doit pas dépasser le point de balance avec le produit ; car, si les populations pullulent et débordent la production, elles seront encore plus dénuées qu'à présent. » Et Fourier ne paraît pas éloigné d'écouter les théories que Malthus venait de produire en Angleterre sur les dangers d'un peuplement excessif, et sa prétendue loi naturelle du « doublement tous les vingt-cinq ans d'une population dont aucune entrave n'arrête l'expansion, proportion qui croî-

trait alors de période en période selon une progression
géométrique, tandis que les moyens de subsistance ne
peuvent augmenter que dans une progression arithmétique. »

A côté du mal, le bon Anglais proposait comme remède
que « l'autorité empêchât le mariage des malheureux hors
d'état d'élever une nombreuse famille, et refusât l'assistance
aux enfants nés de parents pauvres. » Comme si la nature
qui distribue les mouvements de la population selon les
conditions de richesse ou de climat des différents milieux ;
qui règle l'égale proportion des deux sexes sans que la
volonté humaine y puisse rien changer ; qui ôte au besoin
aux individus le don de fécondité, avait besoin des pres-
criptions de M. Malthus !

A l'encontre de sa loi de fantaisie, il y en a une autre
qui a un peu plus de réalité. C'est que sur toute l'échelle
de la vie animale, la prolification est en raison inverse du
degré intellectuel des êtres, et que cette remarque s'étend
au sein même de l'espèce humaine où l'on voit les familles
se raréfier et finalement s'éteindre vers les sommets culti-
vés de la société, tandis que pullulent les classes inférieures.

A cette loi vient s'ajouter ce fait reconnu que le bien-
être et la surabondance, loin d'être une cause de fécondité,
tempèrent au contraire la vertu féconde chez les sujets
prospères et l'annulent même chez les plus florissants. Si
bien que, si une loi est à formuler sur cet intéressant sujet,
c'est celle-ci : « La procréation augmente dans la misère,
diminue ou cesse par excès d'opulence, et trouve son équilibre normal dans un bien-être tempéré. »

Le programme sociétaire, qui s'occupe premièrement
d'abolir la misère, résout donc aussi, par-dessus le marché,
la question malthusienne.

L'humanité peut donc s'élancer sans crainte vers le progrès et le bien-être, qui sont plus en faveur du perfectionnement de l'individu que d'une trop redoutable multiplication de l'espèce.

Mais Fourier lui-même a ainsi compris la régularisation d'un peuplement normal par les seules voies naturelles, puisque dans ses prédictions, il y a celle de la future stérilité du plus grand nombre des femmes !

C'est le moment de dire quelques mots de sa théorie de l'amour. Il le veut honnête et chaste pour tous ceux que leur caractère porte à la paisible et exclusive vie de famille. Cependant il tient compte des écarts de passions, des exigences de tempérament, des irrégularités de conduite qu'aucune morale ni aucune loi sociale n'a jamais pu empêcher. Et à la place des mœurs hypocrites, des désordres et des dessous honteux contre lesquels on fulmine, mais que chacun tolère, et auxquels le plus grand nombre participe en secret, il veut des situations franches et des mœurs toujours avouables. Pour les jeunes filles pures et prédisposées aux devoirs austères du mariage, il institue le corps *vestalique* qu'elles ne quittent qu'au bras du fiancé qu'elles ont élu. Quant aux filles et femmes, comme il en existe beaucoup, que les joies tranquilles de la maternité n'attirent pas, qu'une vocation plus volage incline à la liberté des amours, il y aura pour elles le corps des *bacchantes* et *bayadères* où leur papillonnage n'entraînera plus la qualification de débauche et d'opprobre.

A propos de ces *armées industrielles* de l'avenir qui remplaceront nos armées destructives, et qui couvriront la terre de merveilles d'art et d'industrie : « Alors, dit Fourier, on comprendra l'utilité des corps de bacchantes qui seront le charme des armées industrielles. Mais on ne le pourra pas de sitôt, parce qu'il faut des femmes stériles et qu'on n'en aura en affluence qu'à la troisième génération d'Harmonie, où la classe des femmes stériles excèdera celle des femmes fécondes. La nature crée quantité de femmes qui ont du goût pour les réunions d'hommes. Ce sera le corps des bacchantes, et sa devise sera : Amitié constante, amour volage, honneur quand même. »

Nous venons de voir que la bizarrerie de cette autre prédiction de Fourier reste dans une certaine vérité biolo-

gique, de même qu'elle n'est point sans un réel fond de
moralité sociale.

Le Charles Fourier que nous avons essayé de rappeler
fidèlement, dans ses côtés faibles aussi bien que dans la
grandeur de ses conceptions géniales, n'est-il pas, tel
quel, une figure bien extraordinaire, et la France n'est-elle
pas coupable de rester indifférente devant l'œuvre de ce
grand homme ?

Le Français s'est toujours fait reprocher d'être un peuple
léger, et c'est bien ici qu'il mérite ce reproche. Et il n'est
pas seulement léger et frivole ; il est aussi, de tous les
peuples, le plus oublieux de sa propre valeur, toujours prêt
à médire des siens, pour s'engouer follement de tout ce qui
est étranger.

Ah ! si seulement Fourier était Anglais ! Si sa doctrine
nous était venue du dehors au lieu d'être née chez nous !
Mais voilà, Fourier est si peu Anglais, et ses principes con-
viennent si peu au génie individualiste et matériel du
peuple anglais, qu'il n'était pas possible qu'il pût, ou du
moins sa théorie, nous revenir d'Angleterre, comme certaines autres, avec cette auréole étrangère qui nous séduit
par-dessus tout.

Ainsi, par exemple, il y a eu, de la même époque de Fourier, un génie français de premier ordre : Lamarck, l'auteur de la *Philosophie géologique*, le créateur en son entier
de la théorie de l'évolution, qui fut tout d'abord méconnu
dans son pays, mais qui a fini par être apprécié en France
depuis qu'un Anglais, Darwin, a repris à son compte la
théorie de l'évolution, qu'il a plutôt diminuée en la dissi-
mulant derrière le point de vue partiel de la sélection par
la survivance du plus fort. Aujourd'hui, qui n'admire ou ne
connaît tout au moins en France le darwinisme, au lieu
d'avoir, avec plus de vérité et de justice, accepté tout d'abord
le lamarckisme ?

Et en politique donc ! Ce parlementarisme de forme anglaise, instable et chicanière, si peu conforme à notre tem-

pérament, le pratiquerions-nous plus longtemps sous cette forme, si celle-ci n'était pas une copie anglaise ?

Il n'y a de bien que ce qui est anglais. Tout le monde est anglophile, depuis l'amateur philosophe qui n'en tient que pour Herbert Spencer (entre nous et quoiqu'il s'en défende, le rééditeur [à quelque variante près d'Auguste Comte) jusqu'au simple anglomane qui s'habille en clown et n'est jamais plus heureux que lorsqu'il peut faire l'imbécile à grogner ou miauler quelques vocables anglais au beau milieu d'une phrase française.

Non, Fourier n'avait rien des Anglais, de qui il disait : «Nation simpliste, génies hongrés, qui ne savent progresser qu'en matériel. »

Si encore il eût été philosophe allemand ! Alors nous ne l'étudierions pas davantage, mais nous le porterions aux nues avec les Hégel, les Fichte et les Schopenhauer, de confiance, comme nous admirons tous les philosophes allemands, sans nous demander si cette philosophie allemande, aussi changeante que nos modes, mérite de durer plus que ces dernières. Mais c'est si métaphysique, si incompréhensible, ce doit donc être très profond.

Cela commence à Leibnitz, pour qui la matière élémentaire, étant simple, et conséquemment, dit-il, inétendue, a, par ses combinaisons, produit le phénomène de l'étendue, faite alors d'inétendue, les monades, essence de toute chose, n'étant d'ailleurs que de simples points métaphysiques. Puis c'est Kant le maître des maîtres philosophes, illisible même pour les Allemands et qui a eu besoin de traducteurs dans sa propre langue, pour qu'on puisse saisir que la raison pure est la faculté de connaître, mais qu'elle ne nous apprend qu'une chose, c'est que tout ce qui est peut fort bien ne pas exister, et que notre âme même n'est qu'un phénomène incertain. Vient Fichte, qui trouve Descartes vraiment bien superficiel d'avoir débuté dans la certitude de nos connaissances par « Je pense, donc je suis », et descendant, lui, Fichte, a beaucoup plus de profondeur, il découvre que A = A, bien qu'il ne soit pas certain que A existe, mais que, si par hasard A existe, il est ce qu'il est, relation émise par le *moi* et qui peut s'appeler X, lequel X n'est possible que relativement à un A. Or, si X est dans le moi, A y est aussi, et voilà le *moi* prouvé et seul existant, mais se dédoublant en la chose connaissant et la chose connue. A présent, ce moi connaissant voit autant de *non-moi* qu'il en imagine, et tous ces non-moi, soit l'univers et Dieu même, ne sont que création arbitraire du moi, et n'ont de réalité qu'en lui. Hégel est encore plus profond et ce n'est pas peu dire. Il a trouvé une méthode absolue et infaillible à laquelle rien ne résiste, qui n'est autre chose que l'abstraction du mouvement, laquelle abstraction du mouvement est le mouvement à l'état abstrait ou le mouvement de la raison pure qui consiste à se poser, s'opposer et se composer; soit se formuler en thèse, antithèse et synthèse: ou bien s'affirmer, se nier et nier sa négation. Cela, c'est l'idée pure, l'être abstrait qui est, aussi bien qu'il n'est pas ; oui aussi bien que non ; pas plus ceci que cela ; le néant si vous voulez.

— Avez-vous compris? — Ni moi non plus. Mais c'est parce que ces choses nous dépassent, nous, Français, qui ne nous complaisons pas comme ces bons Allemands dans la poésie des brouillards.

C'est en parlant d'Hégel que Schopenhauer, esprit alerte et écrivain lucide, bien que philosophe allemand, et malgré le pessimisme de sa doctrine, a dit « qu'il faut l'incroyable estomac du lecteur germain pour avaler sans sourciller tant de pédantes inepties » où il n'y a de compréhensible que les vieilles vérités renouvelées des Grecs qui peuvent s'y trouver égarées. Il est vrai que lui-même, Schopenhauer, remonte aussi à une autre antiquité quand il cherche à établir parmi nous la doctrine du Nirvâna empruntée au divin bouddha Çakia-Mouni.

Donc Fourier, de qui les principes philosophiques et sociologiques sont clairs, compréhensibles, attrayants et humains, n'est pas plus un vain idéaliste allemand qu'un avide utilitariste anglais, et il faut en prendre notre parti.

Quant aux détracteurs qui trouveraient inconciliables chez le même homme le génie des spéculations transcendantes et la mesquinerie de la préoccupation d'aussi vulgaires détails que ceux auxquels Fourier s'adonne d'autre part si ardemment, citons-leur l'exemple d'un autre grand esprit, Blaise Pascal, l'immortel auteur des *Pensées*, qui n'a pas, à côté de cela, dédaigné d'inventer un aussi humble outil que la brouette. Le terre à terre et le souci de la vie matérielle n'excluent nullement les élans du génie. Ces deux extrêmes sont trop la condition terrestre de l'homme pour qu'il puisse être raisonnable de prétendre échapper au premier, pour si haut que le second transporte ses privilégiés. N'est-ce pas le même Pascal qui a dit qu'à vouloir trop faire l'ange on fait la bête ?

Il nous reste maintenant, comme dernier aperçu, à parler du programme auquel s'en tient aujourd'hui l'Ecole Sociétaire et des théories françaises et humanitaires qu'elle défend en présence des prédications étrangères et anarchistes, et des incitations coupables qui commencent à entamer l'opinion et mettraient sérieusement en péril la rénovation future de la France et de l'Europe, si elles n'étaient combattues et extirpées telles qu'une lèpre hideuse qui envahit l'organisme national.

TROISIÈME PARTIE

La phase de *caducité* de la période de *civilisation* est donc celle que nous traversons à l'heure présente, et les symptômes de cette caducité remontent plus haut que notre génération. Ce que Saint-Simon appelait une *époque critique* d'affaissement, attendant une nouvelle *époque organique* de croissance, Fourier, plus voyant et plus précis, le reconnaît comme étant la fin, le terme de tout un régime, celui de *civilisation* qui avait été précédé des états de *Barbarie*, *Patriarcat*, *Sauvagerie* et *Edenisme*, et qui devra être suivi du *Garantisme*, du *Sociantisme*, puis de l'*Harmonisme*, période, celle-ci, la plus parfaite, après laquelle viendra fatalement le dernier déclin et la mort finale de l'humanité terrestre, sort commun de toutes les existences qui parcourent les phases de naissance, croissance, apogée, déclin et mort.

Le régime relativement supérieur et seul pratique pour nous, hommes du xixᵉ siècle, celui à l'avènement duquel l'Ecole sociétaire met tous ses efforts, sera ce que Fourier a nommé le *Garantisme*, mot qui, à lui seul, est toute une définition. Un régime, qui *garantit effectivement* à tous les hommes les droits, les biens, l'existence, le bonheur que comporte pour tous et pour chacun un parfait exercice de justice, de raison et de solidarité sociales, laisse

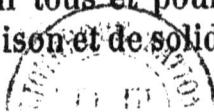

7

en effet bien loin derrière lui, le régime de *civilisation* où n'ont cessé de prévaloir l'arbitraire, le hasard, la violence et les iniquités de toute sorte dont il faut espérer que nous voyons les derniers excès.

C'est en vain que la Révolution française des dix dernières années du siècle précédent a voulu une rénovation radicale, et proclamé les *Droits de l'homme*. A la distance où nous en sommes aujourd'hui, nous pouvons voir qu'elle n'a été qu'une terrible convulsion qui, en pressentiment de l'avenir, a brisé bien des entraves, mais qui n'a tenté une éclatante restauration du juste et du vrai dans la société que pour voir tout le mal qu'elle avait prétendu détruire au prix de luttes et de souffrances infinies, retourner par d'autres voies à son intensité première ou même la dépasser. Qu'y a-t-il en effet de plus illusoire que la *liberté* d'un peuple dont s'est ressaisi, comme d'une proie, la moins noble et la plus impitoyable des féodalités, celle de l'argent? une *égalité* qui fait litière de tous les droits individuels et politiques par la fraude, l'arbitraire, l'oblitération de la justice ouvertement et journellement pratiquées? une *fraternité* des hommes et des peuples qui ne connaît plus que la force et qui a vu renaître une servitude militaire et des préparatifs de massacre comme il n'y en eut en aucun temps, même les plus barbares?

Ce n'est pas en arrière, c'est devant nous qu'est la vraie Révolution, celle qui, sans nouvelles violences, Dieu le veuille, par une soudaine entente de la majorité des citoyens en chaque nation, et puis des nations entre elles, mettra fin à tant de désordres et de maux insoutenables, comme un radieux lever de soleil vient rendre la sérénité et la paix à une nature que bouleversait la fureur des éléments déchaînés.

Qu'une même volonté de justice et de concorde se lève dans le peuple éclairé sur ses meilleurs intérêts, et cela suffit. Mais cette entente générale du plus grand nombre, que nous appelons de tous nos vœux, comment se fera-t-elle? C'est parce que nous avons la bonne foi de croire au pouvoir de la vérité et de la justice de s'imposer à la fin d'elles-mêmes et de faire l'union, qu'en regard des erreurs et des sophismes qu'on répand aujourd'hui de tous côtés, nous allons en rappeler les seuls principes, tels que les conserve notre École Sociétaire.

Nous n'avons pour cela qu'à résumer le tableau magistral que son chef actuel, M. Hippolyte Destrem, trace de l'ensemble complet des desiderata de notre époque et des solutions qu'ils impliquent, dans son grand ouvrage *la Future Constitution de la France*.

Le regard d'aigle de Fourier, se portant surtout aux lointains horizons, s'était complu de préférence dans la description de cet apogée de l'organisation sociale auquel il a donné le nom de *Sociantisme* et d'*Harmonisme*, sans s'arrêter assez au degré qui les précède, à ce régime du *Garantisme* qui doit suivre immédiatement celui de *Civilisation* et qui ne saurait être plus éludé ni enjambé que ne peut l'être aucune des phases de développement des existences organiques, soit individuelles, soit collectives.

Ce *Garantisme*, dont Charles Fourier a négligé l'étude détaillée, M. Hippolyte Destrem a voué sa vie à le pénétrer, à en asseoir toutes les prévisions sur les données certaines du passé et du présent, sur les faits acquis, et en ne négligeant aucune des leçons de l'histoire et de l'expérience, non plus que l'appui des chiffres de statistiques nombreuses de tout ordre, choses sans lesquelles aucune étude sérieuse ne mérite de s'intituler *scientifique*. Il est bien différent en cela de nos socialistes communistes et internationalistes d'aujourd'hui, qui ne paraissent pas se douter que les questions qu'ils croient avoir découvertes et qu'ils traitent si présomptueusement, existaient avant eux, et que des penseurs d'une bien autre taille que la leur les ont scrutées à fond et, sinon résolues, éclairées du moins d'un jour assez vrai pour en avoir sérieusement préparé et fait avancer la solution.

L'idée de faire aboutir chacune des questions sociales,

toujours laborieusement traitées comme autant de problèmes à résoudre, à un desideratum se traduisant ensuite lui-même en article de loi, est une idée heureuse. Il n'était pas possible de présenter sous une forme plus saisissante et d'asseoir côte à côte un aussi grand nombre de points de nature et d'origine différentes, devant pourtant être réunies en un tout compact, et former l'ensemble des données de la sociologie scientifique. Tout dans cet ensemble s'enchaîne pourtant rigoureusement et ressort toujours des principes qui ont été ceux de Charles Fourier.

Nous allons en conséquence passer en revue les vérités capitales démontrées dans le livre précité, paru sous le titre de : *la Future Constitution de la France* ou *les Lois morales de l'Ordre politique* (1).

Une première question nous intéressant particulièrement, nous, Français, était celle de l'instabilité extraordinaire qui, depuis 1789, a fait se succéder dans notre pays, et l'une après l'autre, *dix-huit* constitutions différentes. Un tel manque de stabilité ne peut avoir que deux causes : ou une versatilité du caractère français, nouvelle dans notre histoire, après treize siècles de monarchie traditionnelle, après cinquante générations allant successivement vers le même but, l'unité française, ou bien l'effervescence et les vicissitudes d'un peuple arrivé à une période critique de sa carrière, et expérimentant des voies diverses, jusqu'à ce qu'il rencontre enfin celle qui le conduira au grand but historique dont il a le pressentiment et la foi.

C'est cette dernière explication qui est la vraie ; et la persévérance mise par ce peuple à poursuivre ces différentes épreuves toujours pénibles, loin d'être un signe de versatilité, prouve au contraire la constance et une haute manifestation d'énergie.

La versatilité, chez un peuple, s'accompagne toujours

(1) Se trouve chez l'auteur, M. Hippolyte Destrem, 39, rue de Châteaudun, à Paris.

d'une perte de vigueur morale et de vitalité nationale, et, s'il y avait ·chez nous un réel affaiblissement de vitalité, cet affaiblissement serait surtout visible par la pauvreté des manifestations du génie français, à partir de l'apparition de cette instabilité qui nous occupe. Or, pour s'en tenir à la première moitié seulement de ce XIXᵉ siècle, que voyons-nous ? La France tenir sans conteste le premier rang entre toutes les nations, dans les sciences, les arts, le génie poétique et littéraire, et même l'esprit gouvernemental et la philosophie sociale, dont tous les problèmes ont été abordés et creusés chez elle plus profondément que partout ailleurs. La démonstration de cette supériorité est dans le nombre et la valeur, nulle part égalés en leur ensemble, des hommes illustres qu'elle a produits et qui tiennent la tête dans toutes les branches de l'activité humaine, sauf quelques parties à peine où elle cède ou partage avec d'autres pays le premier rang. Le tableau détaillé de cette démonstration occupe quarante pages du premier volume que nous étudions.

Conclusion : « D'abord, dit en terminant M. Hippolyte Destrem, l'instabilité politique qui frappe comme un fléau la nation française depuis 1789 jusqu'à ce jour n'est ni un fait de race ni un fait de dégénérescence ; ensuite, aucune race à l'heure actuelle ne présente des éléments de force et de vitalité supérieurs à ceux que présente la race française. »

A quoi tient donc le désarroi, l'affaissement trop réels de l'heure présente ? Simplement à ce que la période expérimentale et passagère des essais empiriques touche à sa fin, et que table rase est faite en ce moment de toutes les illusions qu'avaient pu faire naître et entretenir plus ou moins longtemps les quinze à vingt différents partis politiques ou sectes sociologiques qui se sont partagé l'opinion ou se sont succédé au pouvoir sans tenir leurs promesses. « Nous voyons en ce moment même par l'importance qu'a prise ce qu'on nomme, d'un titre qui est tout un aveu, l'*opportunisme*, c'est-à-dire la négation implicite de toutes les hypothèses émises jusqu'à ce jour, que l'empirisme politique est à l'agonie. Cet opportunisme sceptique et sans principes fixes a pourtant un mérite qu'il faut constater : « Il annonce, qu'il le sache ou qu'il l'ignore, l'avènement prochain de la politique scientifique, à laquelle il devra un jour donné se rallier ou céder la place. »

A quelles marques reconnaîtra-t-on la politique scientifique et la distinguera-t-on de l'empirisme des écoles et systèmes impuissants et sans avenir que nous avons vus se résoudre dans un opportunisme sans foi, sans virilité et sans but social ?

1° D'abord, dans l'empirisme de toute catégorie, chaque parti est en guerre perpétuelle avec les autres partis. Comme à la guerre, le but est de détruire l'ennemi.

Dans la politique scientifique, au contraire, il n'y a pas d'ennemi. Il ne saurait y avoir de haine ni de discordes intestines.

2° Ensuite, on voit l'empirisme produire à tout propos des monceaux d'écrits, de discours, des bibliothèques entières, sans que leurs auteurs arrivent à pouvoir affirmer une série de propositions fixes et certaines, ayant la valeur des lois, aphorismes ou théorèmes des sciences exactes.

Or la politique scientifique, à l'encontre de cela, a pour forme et propriété essentielle, pour condition *sine qua non* d'aboutir, dans tous les sujets qu'elle élabore, aux formules concises, pleines, formelles, substantielles, aphoristiques, prouvées, auxquelles on arrive toujours dans les sciences exactes.

La politique scientifique a une *méthode* spéciale qui doit présider à toutes ses recherches, toutes ses conceptions, à toutes ses solutions. Elle se divise en quatre parties : 1° l'observation et la description des faits existants ; 2° le jugement à porter sur ces faits ; 3° la conception de faits meilleurs à créer là où les faits existants sont jugés défectueux ; 4° l'énoncé des règles à suivre pour amener les esprits à la connaissance de ces faits meilleurs.

Nous commencerons dans cette étude par considérer le côté économique de l'état actuel du pays.

Pour que l'observation des faits économiques concernant tout un peuple parte d'une base certaine, il est d'abord essentiel de dresser un inventaire aussi précis que possible de la population en ses différentes catégories ; des revenus ou moyens d'existence de chacune de ces catégories ; du genre de vie même qui les caractérise ; du total de la richesse nationale en fonds et en produit du travail annuel, etc.

Nous ne pouvons en ce court aperçu entrer dans les très complets détails de statistiques sur lesquels s'est étendu M. Hippolyte Destrem. Donnons seulement quelques chiffres globaux assez éloquents par eux-mêmes pour fixer les idées sur la *somme de bien-être* et de *mal-être* qui existe dans la nation, et sur les vrais desiderata de l'époque actuelle qui ressortent de leur examen :

Le total de la quantité de richesse produite en France annuellement étant en chiffres ronds de 24 milliards, les 11 millions 490,000 hommes et les 11 millions 500 mille femmes qui composent sa population adulte se répartissent, dans les proportions suivantes, le revenu annuel du pays. Pour les hommes :

11.000	hommes jouissent d'un revenu supérieur à.....			30.000 fr.
69.000	—	—	variant de 10.000 à 30.000	—
817.000	—	—	—	4.000 à 10.000 —
855.000	—	—	—	2.000 à 4.000 —
3.776.500	—	vivent en dépensant........	de	1.000 à 2.000 —
2.504.500	—	—	— de	750 à 1.000 —
3.081.000	—	vivent de moins...........	de	750 francs.

11.114.000 hommes au total dépensent donc environ 19.000.000.000 francs.

Pour les femmes: 7 millions participent au revenu ou gain d'un mari ou autre soutien de famille, proportionnellement aux chiffres énumérés ci-dessus, mais 4 millions 500,000 femmes vivent de ressources ou occupations personnelles, représentant les 5 milliards de francs qui, ajoutés aux 19 milliards précédents, complètent ce revenu total de 24 milliards, qui est celui du pays tout entier au cours d'une année.

Il n'a pas été tenu compte, dans cette énumération approximative, de 300,000 déclassés des deux sexes, misérables n'ayant rien et vivant de presque rien.

Ce tableau est loin, on le voit, d'offrir un ensemble satisfaisant aux yeux de l'économiste et du philanthrope. S'il y a, jouissant d'une situation prospère, 3 millions 700,000 personnes ; s'il y a, vivant tout juste, mais vivant enfin sans déficit comme sans excédent 16 millions 750,000 individus, il y a aussi, languissant dans la détresse (et dans le nombre une armée de 300,000 meurt de faim), le chiffre douloureux de 2 millions 550,000 infortunés, lequel peut se décomposer ainsi :

Inquiets	605.000
Dénués	1.225.000
Affligés	400.000
Languissants et dépérissants	200.000
Désespérés sans succomber	100.000
Succombant au désespoir	20.000
	2.550.000

Que faut-il penser du sort persistant de ces classes de citoyens si diversement et si inégalement dotés dans la répartition du revenu annuel de la France ?

Faut-il admettre que l'existence de ces inégalités si profondes soit une nécessité fatale dont il faut tenir compte comme point de départ du progrès futur, ou bien le progrès ne doit-il pas consister plutôt à réagir contre ce fait, et à procéder à ce qu'on nomme la *réorganisation du Travail* ?

La solution de ce problème social par la *réorganisation du Travail* a pour elle deux écoles différentes en moyens et en visées : 1° L'école qui se nommait autrefois communiste et qui a pris de nos jours le nom de *collectiviste* ; 2° l'école fouriériste dans ses deux branches *garantiste* et *phalanstérienne*.

Sur cette dernière branche du sociétarisme fouriériste, nous ne nous étendrons pas de nouveau après avoir reconnu, par l'étude que nous en avons faite antérieurement, son but, qui est de produire, sous l'action des attractions naturelles, des associations absolument libres où règnera l'harmonie parfaite et où se réaliseront les meilleures conditions du bonheur social et individuel. On peut faire ses réserves sur la praticabilité actuelle d'un tel ordre de choses. L'avenir prononcera, mais ici, à l'encontre du communisme d'Etat tout à l'avantage des chefs, rien d'arbitraire ni de despotique. L'essor individuel seul fait tout, et tous les droits naturels de l'homme restent intacts, y compris le droit de propriété.

Nous parlerons plus loin de la branche du Garantisme.

Quant à l'Ecole collectiviste actuelle, elle conçoit l'organisation du Travail comme une œuvre appartenant de droit à l'autorité publique, qui devrait, selon les théoriciens du collectivisme ou communisme, gouverner et régler souverainement les propriétés et l'existence des personnes.

Or les conclusions de cette école sont affectées d'un vice capital qui les condamne d'avance: elles sont contraires aux lois du perfectionnement social et aux sentiments naturels comme aux instincts les plus enracinés de l'espèce humaine manifestés dans tous les milieux et dans tous les temps de son histoire, sauf des exceptions d'un caractère particulier ou de mode spécial, tel, par exemple, que les communautés religieuses, mais qui ne se sont jamais étendues à toute une existence nationale.

L'individu ne doit, dans aucun cas et sous aucun prétexte, être un instrument passif dans les mains d'un autre homme, ni d'une souveraineté quelconque, pas plus élective que despotique. L'Etat, arbitre absolu des personnes et des biens, descendant par la logique du système dans les détails les plus minutieux et les plus intimes de l'existence individuelle, c'est fatalement l'atrophie des facultés physiques, intellectuelles et morales pour les populations qui voudraient se soumettre à un pareil régime. Mais il n'est même pas à supposer qu'une expérience en soit jamais essayée. Le seul instinct personnel, le plus élémentaire souci de l'indépendance naturelle dans la conduite de la vie courante, révolterait bien vite ceux mêmes qu'a séduits l'apparence équitable et fraternelle de la théorie.

Ces deux formes de solution réorganisatrice étant écartées: l'école collectiviste actuelle comme impossible, et l'école phalanstérienne comme présentement impraticable en son application à tout un peuple dont il faudrait changer du fond en comble toutes les habitudes, reste à nos yeux la solution du *garantisme*, ordre essentiellement rationnel qui, tout en constituant une société nouvelle, se dégage néanmoins des conditions sociales existantes et relève de la philosophie générale, de l'économie politique et des penseurs éminents de la civilisation. La maxime *natura non facit saltum* est aussi vraie en sociologie qu'en histoire naturelle.

Mais, avant d'en énumérer les principes si complètement élucidés dans la *Future Constitution*, nous devons d'abord déterminer d'une manière très précise les deux terrains fort différents dans lesquels se meuvent d'une part les systèmes dits collectivistes et d'autre part la théorie garantiste, qui, elle aussi, se base sur des considérations d'ordre collectif, mais d'une manière presque opposée. Son collectivisme a des degrés, une hiérarchie vivante, des droits de différents ordres. Elle est évolutionniste, tandis que l'autre collectivisme ne connaît que deux termes: l'individu et l'État, ou association des seuls intérêts individuels et matériels, et elle manque de la notion de la véritable existence organique, qui est celle des divers groupes sociaux.

Il ne faut donc pas que ce même mot de collectivisme, si différemment compris de part et d'autre, donne lieu à une équivoque, surtout à cette place, où il convient que nous fassions d'abord justice des faux principes, avant de passer à l'exposé des vrais principes du garantisme.

L'erreur de ces communistes autoritaires est, disons-nous, de ne rien comprendre aux lois qui régissent la grande vie collective des nations et aux rapports réciproques des différentes existences sociales qui s'englobent les unes les autres, tout en laissant à chacune l'indépendance qui est de son ressort particulier, ainsi qu'il en est de l'organisation et du développement de toutes les existences de la nature vivante, où tout se hiérarchise successivement sans s'annuler ni se détruire.

L'idée nationale, le sentiment de patrie, est même chez eux assez oblitéré pour que plusieurs nient déjà qu'il existe des devoirs patriotiques.

Or la vérité est que la vie propre des grandes existences nationales se précise et s'unifie au contraire de plus en plus dans la période où nous entrons. Le principe des nationalités, qui prend chaque jour plus d'importance dans le monde, n'est pas autre chose que l'expression de ce fait évolutif de l'avancement humanitaire, lequel se remarque partout en Europe, bien qu'à des degrés assez divers. C'est ainsi qu'aujourd'hui les remaniements territoriaux ou les faits de conquêtes militaires qui ne sont pas dans le sens des véritables agglomérations nationales, sont de plus en plus difficiles. Le sentiment national est devenu autrement vivace qu'il y a seulement un siècle ou deux. Pour ne citer qu'un exemple pris dans notre pays, de grands hommes de guerre comme Turenne et Condé ne perdaient presque rien en leur temps de la considération publique à mettre leur épée tour à tour au service du roi ou à celui des ennemis de la France. En serait-il de même à présent ? Le sentiment national n'était donc pas alors ce qu'il est devenu depuis.

Quant à l'humanité, considérée en général, elle reste, à notre époque encore du moins, sans organisation homogène et unitaire. Et, n'en déplaise à nos citoyens de l'univers, nous nous levons tout entiers et tout d'abord à notre patrie avant de songer à l'humanité.

De grandes aspirations d'avenir, de grands devoirs réciproques s'imposent déjà aux hommes de toute race, mais il n'y a encore d'accompli et de réellement organisé que les grandes collectivités nationales, dont les très réelles personnalités ont à s'entendre entre elles, selon leurs destinées ou leurs intérêts, par des rapports d'ordre purement international, que l'avenir d'ailleurs resserrera sans doute de plus en plus.

Que l'on comprenne donc qu'il y a des organismes sociaux distincts les uns des autres, érections naturelles du règne humain, et dans chacun d'entre eux, comme dans toutes les édifications de la vie, des hiérarchies d'existences collectives ou particulières qui ne peuvent être confondues entre elles dans leurs rôles et dans les exigences vitales qui leur sont propres. C'est tout en bas de cette échelle que réside imprescriptiblement l'indépendance et l'initiative de la personne, pour tout ce qui regarde la vie individuelle, et cette liberté de l'individu ne cesse que lorsque entrent en jeu les nécessités de l'existence collective qui l'englobe. De là les deux ordres essentiels de droits et de devoirs qui correspondent à ces nécessités différentes, et qu'il faut rigoureusement distinguer et pratiquer pour rester dans la vérité sociologique.

C'est sur cette base solide que sont assis les principes du garantisme, principes que nous verrons toujours d'accord avec la raison, les sentiments naturels et l'avancement progressif de l'évolution humaine, et du haut desquels nous pouvons sainement juger les erreurs qui faussent ou retardent la marche du véritable progrès.

Nous pouvons à présent examiner les principaux systèmes de réorganisation sociale qui ont été conçus et proposés de divers côtés. Le communisme n'est pas une idée nouvelle. Sans remonter à l'antiquité, Thomas Morus, le vertueux chancelier de Henri VIII, roi d'Angleterre, avait déjà, au commencement du xvie siècle, imaginé une parfaite communauté de tous les biens, dont il sentait lui-même l'impossibilité pratique en intitulant son livre : *Utopie*. Vers le même temps, Thomas Campanella, en Italie, produisit le même rêve humanitaire dans les curieuses pages de son livre *la Cité du Soleil*. Plus récemment, l'Anglais Owen a préconisé en son pays un communisme coopératif encore plus absolu et s'est vu imité en France par Babœuf, qui voulait aussi la communauté des biens et un niveau égalitaire maintenu par une législation de fer. Nous connaissons le saint-simonisme, dont la branche qui avait pris Enfantin pour guide avait essayé d'un type de réorganisation reposant sur l'autorité absolue de sortes de pontifes, arbitres de la destinée et du salaire mérités par chaque membre de la communauté. Auguste Comte, en se séparant du saint-simonisme pour fonder l'école positiviste, avait conçu aussi quelque chose de très approchant de l'absolutisme religieux d'Enfantin, dans le même dogme étroitement humanitaire, sauf que ses pontifes sont les sommités sociales de la science, de l'industrie, de la finance.

Ceux qui ont connu et admiré l'organisation disciplinée, le bon ordre et l'application au travail agricole et pastoral auxquels les pères jésuites avaient su plier à leur avantage les populations à demi-sauvages du Paraguay, ont vu réalisé, bien que dans un état très primitif, un ordre de choses assez comparable au rêve des saint-simoniens et des comtistes. Cette domination théocratique, basée sur le respect et la soumission volontaire d'une race inférieure subjuguée par l'ascendant moral d'êtres relativement supérieurs, n'a été qu'une forme particulière de colonisation exotique, et n'a naturellement rien à voir avec les civilisés.

En somme, toutes ces théories destructives du développement libre et autonome de l'individu et de la vie propre des naturelles collectivités sociales, ne sont que véritable despotisme sans application pratique dans nos sociétés européennes, ou recul vers un nouvel esclavage ou servage, choses dont l'abolissement a précisément marqué une étape considérable du progrès humain.

Il y a maintenant les égalitaires ou niveleurs, qui admettent le fait existant de la division des classes ; mais, pour porter remède à la disproportion qui existe entre leurs revenus respectifs, ils veulent que l'État soit armé de moyens coercitifs pour établir entre ces revenus une égalité artificielle. C'est une idée qui, par sa simplicité apparente, a de tout temps séduit des esprits peu familiarisés avec les problèmes compliqués de l'économie politique, mais dont le moindre défaut serait la destruction fatale de toute initiative un peu importante et de toute grande entreprise féconde pour la prospérité nationale. Les travailleurs salariés seraient nécessairement les premiers à en souffrir, puis cette répartition égalitaire, jamais fixe, toujours à refaire, serait plus vexatoire et impraticable encore que le pur communisme.

Il faut mentionner aussi la théorie de coopération qui vise à supprimer les bénéfices des intermédiaires, marchands et patrons, et à en faire profiter les classes productrices en organisant des sociétés coopératives de production et d'autres sociétés coopératives de consommation. Cette théorie est très séduisante en principe, mais les mandataires capables de diriger des exploitations ou d'acheter ou de vendre, munis des capitaux nécessaires et courant les mêmes risques que patrons ou marchands, ne se trouvent pas gratuitement, et à de rares exceptions près, avec des conditions toutes spéciales, ce système ne donne pas les avantages qu'on croirait pouvoir en attendre. Aussi la difficulté pratique de remplacer ce qu'on supprime a-t-elle fait échouer à peu près toutes les tentatives de cette sorte qui ne sauraient être généralisées dans nos conditions sociales d'à présent.

Nous laissons à part les théories d'Adam Smith et de J.-B. Say, continuées aujourd'hui par MM. Paul Leroy-Beaulieu, Yves Guyot et autres, et dont les grands travaux économiques analysent les phénomènes qui existent dans l'ordre social actuel, mais sont plus conservateurs que réformateurs de cet ordre vicié.

Les théories économiques envisagées sous le jour du finalisme et de l'optimisme appliqué au mouvement des intérêts, avec le caractère absolu du libre-échange, telles que les professait l'Anglais Cobden, ont eu également leurs beaux jours. Cobden et ses émules français, Dunoyer, Michel Chevalier et surtout Bastiat, ont vu dans l'harmonie spontanée et providentielle des intérêts la véritable loi naturelle des sociétés. Liberté du travail, de l'enseignement, des cultes, des échanges, toutes les libertés et l'État réduit au seul maintien de l'ordre pour toute attribution, tel est l'idéal de Bastiat dans ses *Harmonies économiques*. Laissez agir les intérêts sans la moindre entrave, et cela suffit à tout. Le reste n'est qu'organisation artificielle.

Conception négative de l'État, c'est-à-dire de l'organisation sociale, tel est donc le fond de ce système, où les intérêts aux prises se font à eux seuls leurs places respectives dans la société, où l'intérêt individuel prime tout, et fait litière même des nécessités les plus urgentes de l'existence nationale.

Pour qu'on ait commencé en France à revenir de ces beaux principes, dont l'application commençait à nous valoir couramment des importations doubles de notre mouvement d'exportation, il n'a pas fallu moins que l'exemple même du pays d'où était partie cette séduisante duperie, pays qui, libre-échangiste résolu tant qu'il régnait sur tous les autres par sa supériorité industrielle, s'est empressé de devenir protectionniste dès que se sont levés des concurrents sérieux.

Inutile d'ajouter que Bastiat fut un des adversaires les plus déterminés des doctrines fouriéristes.

Arrivons maintenant aux théories collectivistes et internationalistes des Karl Marx, des Engel, Lassalle, Bebel et Liebnecht en Allemagne ; Aveling en Angleterre ; Nievenhuys en Hollande ; Anseele en Belgique ; Costa en Italie ; Iglesias en Espagne ; et des Guesde et des Lafargue en France, que suivent de près MM. Malon, Brousse, Vaillant, Allemane, Jaurès, Baudin, etc. (1), et que modèrent à peine

_____

(1) Le groupe possibiliste, qui eut Joffrin pour fondateur, diffère à peine du programme guesdiste ou marxiste.

les opinions un peu plus nationales de MM. Goblet et Millerand, tous plus ou moins à la remorque du socialisme dit allemand. Nous ne parlons pas de Bakounine et des autres socialistes russes, dont les doctrines et les visées gardent un caractère national à part.

Karl Marx a été et reste, après sa mort, le chef, l'inspirateur reconnu et incontesté de ce collectivisme, plutôt parti qu'école, et qui paraît gagner de plus en plus nos classes ouvrières et leur inoculer ce ferment de haine sociale et d'antipatriotisme absolument nouveau dans l'histoire du socialisme.

Dans *la Rénovation économique*, brochure récemment parue (1), M. Hippolyte Destrem juge Karl Marx en quelques lignes pleines de vérité et de justice: « Karl Marx était comme Blanqui (2), avec qui il avait énormément de rapport, affligé par la nature d'un tempérament intellectuel ultra-simpliste qui se définit par ces deux caractères : *hypertrophie du sens critique* et *atrophie du sens organique*. Aussi son livre *le Capital* est-il absolument vide de données relatives à la création d'un ordre social nouveau et supérieur, dont son intellect, absolument dépourvu du sens organique, n'a pas seulement soupçonné la possibilité. On est même obligé d'ajouter que, jusque dans ses critiques, Karl Marx manque entièrement d'invention ; ce n'est qu'un compilateur rude, laborieux, méthodique, infatigable, mais enfin un compilateur.

Celui qui ignorant la sociologie et l'économie politique, lit son livre *le Capital* pour la première fois, en est frappé comme d'un fait nouveau pour lui. Celui qui auparavant a lu les écrits de Fourier, de Saint-Simon et de leurs disciples, de Sismondi, Burat et autres économistes philanthropes, de Proudhon et de ses imitateurs, reconnaît en lisant Marx, venu bien après eux, que ce dernier ne lui apprend à peu près rien.

(1) Chez Paul Ollendorff, 28 bis, rue Richelieu.
(2) Tout Blanqui est dans sa devise : « Ni Dieu ni maître » ; devise qui veut paraître libre et fière, et qui n'est qu'antisociale et absurde.

Quant aux efforts de Marx pour organiser l'Internationale et autres machines de guerre à l'adresse des bourgeois, je dirai qu'en fait de problèmes sociaux, conspirer n'est pas résoudre, comme en d'autres questions Pascal disait : « Brûler n'est pas répondre. »

Au sujet de ce qu'on nomme le socialisme allemand, comme le dit socialisme ne va pas au delà de ce que Marx a écrit, je dirai : « Ceux qui s'emballent en enthousiastes vers les régions intellectuelles d'outre-Rhin sont vraiment bien bons. En matière de sociologie, nous n'apprenons rien des Allemands, ils ont tout à apprendre de nous. Et j'en dirai autant en philosophie, de tout l'inutile fatras amassé par Kant et ses successeurs, comparé aux manifestations admirables du génie hellénique-latin-français. »

Dans les théories marxistes, il y a cependant une part qui semble bien être à Karl Marx ; c'est l'aspect de ce programme : *Transformation de la propriété individuelle ou corporative des instruments de travail, en propriété collective, sociale ou commune*, soit *Adjudication à la société tout entière de la propriété de tout capital, tous les outils, toutes les matières premières*. Mais la forme seule de ce programme lui appartient, car, pour le fond, il est là aussi le copiste d'un autre, de Babœuf, qui avait rêvé tout cela il y a cent ans.

Ce qui est davantage à Karl Marx, c'est le cri qu'il pousse en toute occasion et qui conduit directement à l'internationalisme : *Prolétaires de tous pays, unissez-vous !* Si encore il eût dit seulement : Entendez-vous !

Tout compte fait, rien de ce qui est sensé et vrai dans les écrits de Marx n'est à lui, et tout ce qui lui appartient n'est que spoliation absurde ou odieuse excitation antisociale.

Que nous sommes loin ici des bases sociétaires si justes et si pratiques du Capital, du Travail et du Talent !

Qu'est enfin, pour parler clair, cette appropriation collective de tous les instruments de travail par lesquels les marxistes entendent *la terre, les mines, les transports,*

*les fabriques, les machines, les outils, le capital mon-
nayé, etc. ?*

Pour ce qui est de certaines exploitations d'un caractère
public, telles que transports, banque nationale, mines
même qui relèvent, à certains égards, de l'Etre-nation ou
de l'État, on peut faire des réserves, mais pour ce qui est
des fabriques, des outils, du capital économisé par le travailleur, halte-là! Ceci est d'ordre absolument individuel
et privé, et mon outil, ainsi que le produit que j'en ai pu
tirer par mon travail, sont bien à moi. En faire une propriété collective, j'appelle cela me voler, Monsieur Marx; et à
toute époque et chez tous les peuples, il en a été jugé de
même. Suffit-il d'arc-bouter ensemble quelques raisonne
ments fallacieux pour renverser la raison et les sentiments
les plus unanimes de la société de tous les temps ?

Admettons pour voir. L'usine n'appartient plus à l'usi-
nier, et le marteau du forgeron n'est plus un marteau à lui.
Aucun gain n'est personnel. Où est donc le ressort qui fera
fonctionner cette société ? Qui achètera, qui vendra avec
un capital qui est à tout le monde ? Qui fera travailler et
pour quel intérêt, puisque le mobile de la possession n'aura
plus d'objet personnel ?

Qu'est cette *garantie pour tous les travailleurs du produit total de leur travail,* sans aucune part faite aux agents
commerciaux qui procurent ce travail, ni aux possesseurs
de capital, c'est-à-dire de travail économisé, qui font l'avance
de la matière ouvrable ou de l'argent permettant d'attendre
que le travail en œuvre puisse être rémunéré ?

Ces gens-là raisonnent du travail comme d'un phénomène naturel, tel que la pluie ou le soleil, qui viennent à
leur heure sans qu'il faille aller les chercher. Des ouvriers
comme Marx, Lassalle, Lafargue et *tutti quanti*, ont-ils
jamais eu la moindre notion du mécanisme industriel et
commercial qui amène le travail à pied de métier ? De-
mandez donc aux marxistes pourquoi, de deux fabriques
égales en outillage et en moyens, il arrivera que l'une
prospère et l'autre fasse faillite. S'ils répondaient raison-

nablement à cette question, eux-mêmes renverseraient du coup tout leur système.

Le fond de la théorie marxiste, Alphonse Karr, jadis, n'a pas eu besoin des trois volumes de *das Kapital* pour l'exprimer lui aussi à sa manière. Il lui a suffi de trois lignes : « Nous autres, qui sommes tout au fond du panier social, retournons-le sens dessus dessous. Et c'est alors nous qui serons le dessus du panier. »

Et de fait, ne proclame-t-on pas bien haut que le premier but à atteindre, c'est *la possession du pouvoir politique pour la seule classe des travailleurs ?* Que devient dans tout cela la vieille comparaison, si vraie à tous les points de vue, de la société semblable à une pyramide à large assise et à étroit sommet ? L'équilibriste Marx a prétendu asseoir la pyramide la base en l'air, ce qui lui vaut de nombreux admirateurs.

Quant à *l'abolition de toutes les classes sociales et leur conversion en une seule classe de travailleurs égaux et libres, maîtres du fruit de leur travail*, c'est de la pure phraséologie dépourvue de tout sens pratique et social, un langage approprié exclusivement, comme les citations précédentes, à l'intellect ignorant et pauvre des masses ouvrières que de trop réelles et injustes souffrances rendent faciles à égarer.

Saint-Simon vous avait jugé avant que vous fussiez né, en disant des théories comme les vôtres : « doctrines négatives qui n'ont d'harmonie que pour la destruction, mais incapables de rien édifier par elles-mêmes. » Oh ! oui, destructives, destructives de tout ordre social, de tout ce qui fait la vie supérieure de l'Être-nation dont la grandeur se reflète dans l'esprit et le cœur du vrai citoyen, chez qui, en France par exemple, le patriotisme, fils de quinze siècles de vie nationale, s'exalte et tient aux entrailles avant même qu'il sache pourquoi il pense et sent ainsi.

Et pourquoi le marxisme international est-il ce qu'il est ? C'est qu'il provient d'un état psychologique à part dans l'humanité, qu'il vient d'un esprit irrémédiablement atteint de *l'atrophie du sens organique* ; parce que les Karl Marx et les Lassalle, internationaux de race et tout bien intentionnés qu'ils aient pu être, n'ont pas pu penser et sentir autrement, faute d'être capables de sentir et de comprendre pourquoi chaque homme a une première patrie, à laquelle il se doit tout entier avant de penser à la patrie universelle, et pourquoi il y a des droits et devoirs sociaux aussi bien que des droits individuels.

Reconnaissons d'ailleurs que le même antipatriotisme qui s'infiltre ainsi dans les couches inférieures de la société n'existe pas moins souvent en haut, parmi le monde si prépondérant aujourd'hui des grands faiseurs de la finance internationale et de la politique.

C'est cette même aberration du sens moral qui se montrait dernièrement chez l'international, le sans-patrie Lafargue, le gendre de Marx, dont on avait fait un député français, quand il prononçait l'an dernier au congrès ouvrier de Roubaix ces paroles infâmes : « La Patrie, qu'est cela ? Une fumisterie indigne des gens intelligents. » Peu de mois après, il est vrai, un socialiste allemand, Bebel, déclarait en plein Reischtag, et il ne nous en semble que plus estimable, qu'au cas d'une guerre avec la France, les socialistes seraient au premier rang de l'armée allemande. Cela, pendant que de misérables anarchistes français crient de divers côtés : A bas la Patrie ! Vive la Prusse !

Ces égarés, en fort petit nombre, reconnaissons-le, que sont-ils, sinon des soldats sans honneur et sans patrie, en effet, qui passent traîtreusement à l'ennemi ?

Et le mal est assez invétéré pour qu'à l'heure présente, parmi les socialistes [militants, internationaux la plupart, patriotes quelques-uns, quand on parle de cette différence radicale, de cet abîme profond qui devrait les séparer sans merci, on appelle cela une simple *nuance !*

Nous avons, quant à nous, la certitude absolue que le mouvement ouvrier, en ce moment dirigé par des chefs marxistes, échappera bientôt à ses meneurs, et cela par la seule force et nécessité des choses. Ces syndicats, ces congrès ouvriers où se marque quand même un réel esprit d'ordre et d'organisation, malgré les programmes et malgré les énergumènes, conduiront le *quatrième Etat* à la conquête de ses droits légitimes, mais dans les voies organiques, c'est-à-dire véritablement sociales et nationales, et point dans cette anarchie à laquelle nous voyons déjà résister énergiquement les majorités de ces assemblées, qui, sur leur chemin, balayeront ou écraseront les marxistes comme de malfaisants génies hostiles à tout résultat durable et pratique.

Certes, pour qui regarde de près les misères et les insécurités de la vie ouvrière en ce temps de monstrueux et tyrannique industrialisme capitaliste ; pour qui a vu ces troupeaux d'esclaves de l'usine, ces manœuvres ne gagnant souvent que cinquante sous pour douze heures d'un travail abrutissant, se presser jaunes et hâves à l'entrée ou à la sortie des ateliers, certes il y a pour cette nombreuse classe d'infortunés surtout une grande question à résoudre. Une solution plus équitable de la répartition du revenu national s'impose de toute évidence, depuis qu'en raison des communications et transports faciles et rapides de notre époque, le commerce et l'industrie sont devenus de véritables puissances malfaisantes, par l'écart toujours grandissant qu'ils créent entre les fortunes colossales de l'exploitation et le salaire réduit du travail ouvrier, considéré comme simple matière destinée à subir, comme toute autre, la loi de la libre spéculation. Et il faut que cette question, humaine par-dessus tout, soit résolue dans un avenir prochain, sous risque de courir aux catastrophes.

Qu'on le comprenne enfin, une société est un véritable organisme, un grand être solidaire en tous ses membres, et, lorsque cet être reste insoucieux de l'entretien de quelque partie de lui-même, le mal n'est pas seulement pour la partie souffrante : tout l'organisme est menacé. Une société comme la nôtre, sourde aux angoisses des meurt-de-faim, n'a pas trop à s'étonner qu'il surgisse de divers côtés comme des tâches de corruptions d'une virulence sans merci. Cette maladie n'est pas nouvelle. L'Inde a déjà vu ces sectateurs de Siva, qui assassinaient par esprit de piété, qui ôtaient la vie parce que la vie, intolérable pour plusieurs, leur apparaissait comme un mal universel. Nous avons à présent en Europe les *anarchistes* qui tuent pour venger la misère. Or ce n'est pas seulement en extirpant les points gangrenés que le corps social guérira ; il faut à cela, comme on dit en médecine usuelle, un traitement interne. Que la société prenne d'efficaces mesures pour qu'il n'y ait plus d'affamés, et l'anarchie y perdra bien vite toutes ses recrues.

La solution du grave problème, disons-le hardiment, elle est devant nous. Les *temps nouveaux* sont proches où plus de justice et de bonheur régnera dans toute la société régénérée par la venue du régime *garantiste* dont nous allons reprendre l'exposé, après l'assez longue digression que nous imposait le jugement à porter sur le communisme collectiviste, dit international, dit allemand, que suit docilement le socialisme français d'aujourd'hui (1), et qui n'est à nos yeux qu'une dernière maladie sociale qui pousse vers sa fin le régime condamné de la *civilisation* (2).

(1) Il y a heureusement des exceptions. Tout esprit de parti mis à part, notons surtout M. de Mun, ses vues profondément organiques, son sens pratique et son patriotisme ardent.

(2) Ici nous nous permettrons d'introduire une idée personnelle qui n'engage pas l'Ecole Sociétaire, qui peut être, si l'on veut, regardée à un simple point de vue transitoire, mais qui, pour nous, ne s'éloigne pas trop des idées de Fourier, lequel faisait de la garantie d'un *minimum* une des conditions essentielles du sociétarisme. A nos yeux, *minimum* implique aussi *maximum*.

C'est, croyons-nous, bien user du principe d'analogie cher à Fourier, que de comparer la richesse d'un pays, richesse toujours circulante, mais très inégalement répartie, au régime des eaux fécondantes que la nature élève en nuages, résout en pluies, répand de tous côtés en un mouvement perpétuel. Si les étangs ne se déversaient ou ne s'évaporaient pas, si les nuages saturés ne crevaient pas, les champs, bientôt complètement arides, ne produiraient plus de récoltes. Au lieu de la fructification générale, ce serait le dépérissement universel. Pourquoi donc la société, dans l'intérêt de sa prospérité même, ne suivrait-elle pas l'exemple de la nature en limitant le degré

Les différentes doctrines socialistes que nous avons passées en revue faisant fausse route, il convenait de chercher dans une voie toute différente la solution de ce problème social dont le premier terme et le plus essentiel est, pour commencer, l'amélioration du sort de la classe la plus nombreuse. Pourquoi ne pas viser premièrement à augmenter dans de grandes proportions le fonds commun de la richesse publique en cherchant cette augmentation à des sources qui mettent d'abord ce nouvel afflux de produit dans les mains des travailleurs ?

de saturation des fortunes privées, en établissant un maximum au delà duquel se déverseraient les grands cumuls individuels ?

En ceci, rien qui approche de la spoliation dite collectiviste, paralysatrice des initiatives particulières, rien de désorganisateur; mais, au contraire, dégagement salutaire des voies, facilitation de l'avancement général à tous les degrés de l'aisance et du bien-être accessible à tous, tout en laissant une aire de possession légale assez large pour le libre jeu des entreprises, et pour une émulation féconde. Aucune des plus grandes œuvres n'y perdra, car tout ce que font les grands capitalistes, l'association des capitaux petits et moyens peut le faire.

Entre l'excès du nivellement égalitaire et l'excès contraire de la liberté illimitée de posséder, que rien de légal n'arrête aujourd'hui, et en vertu de laquelle il n'est nullement impossible que la richesse *totale* d'un pays passe aux mains d'une seule famille (et les Rothschild sont précisément sur cette voie-là), n'y a-t-il donc pas un terme moyen équitable à établir par une loi ? Ce n'est généralement pas dans les extrêmes que sont les bonnes solutions. Elles se trouvent plutôt à mi-chemin de ces extrêmes.

Le contrat social, qui *seul garantit* aux possédants le *droit* de posséder, n'est-il pas fondé à ne garantir ce droit que jusqu'à la limite où la possession excessive devient une atteinte à la prospérité générale qui ne vit que par la circulation incessante de l'argent, comme le globe vit de la circulation des eaux, et le corps de la circulation du sang? Une bonne et juste loi sur la *limitation légale* des fortunes privées aurait du coup les plus bienfaisants effets. La terrible attraction des capitaux entre eux, qui augmente en proportion géométrique à mesure même de l'accroissement de leurs masses, s'arrêterait au point le plus dangereux, et l'effet désastreux dénoncé par Saint-Simon, de faire les riches toujours plus riches et les pauvres toujours plus pauvres, se verrait radicalement empêché. Le *minimum* voulu par Fourier se trouverait assuré par le *maximum*. **Ceci paierait cela.**

— Mais, s'écrieront nos savants économistes officiels, c'est la condamnation de nos grands établissements industriels et commerciaux, qui se verront paralysés au moment même de leur plus grand essor!

— Eh! tant mieux pour l'industrie et le commerce nationaux! Le but social est-il qu'un Léviathan industriel du coton ou de l'acier accapare par la force des capitaux toute une branche du travail national, en empêchant les con-

Ce chiffre de 24 milliards que nous avons vu représenter le revenu annuel et total de la France, si on le divisait également par le nombre des familles françaises, qu'on peut estimer à neuf millions de ménages comprenant en moyenne quatre personnes, ne donnerait que 2,600 francs par famille, soit 650 francs par tête de tout sexe et de tout âge. Or, si l'égalité de répartition rêvée par certains utopistes venait par impossible à s'effectuer, on voit combien serait minime la part de chaque membre de la société, sans compter que ce nivellement n'irait qu'à un appauvrissement général plus

currents de vivre ; est-il qu'un tout-puissant accapareur international, spéculant sur les blés d'Amérique ou d'Australie où la terre ne coûte rien, dépouille d'un coup de rafle et à lui seul des millions de nos paysans du produit de toute une année d'avances et de peines, ou n'est-il pas plutôt que le plus grand nombre de Français prospèrent dans l'industrie à laquelle ils appartiennent, et fassent du même coup prospérer les autres branches du travail national ? Quittes à causer un gros chagrin à M. Léon Say, nous prétendons que ce sont précisément là ces monstres dont il faut purger la société.

— Mais, dira-t-on encore, pareille limitation est-elle possible, est-elle pratique ?

— Eh ! pourquoi pas ? Il sera assurément fort difficile d'appliquer cette loi aux vivants et au cours de l'édification d'une grosse fortune ; mais qu'on l'applique aux héritages, et tout devient facile et avantageux pour l'Etat, dont les finances s'alimenteront de parts excédentielles d'héritages souvent très considérables, en ce temps de milliardaires.

— Les riches visés par la loi, observera-t-on de nouveau, feront passer cet excédent de leur fortune à l'étranger ou le dissimuleront de diverses manières.

— Mais, si les divers Etats s'entendent pour cela comme pour tant d'autres lois ou questions moins intéressantes pour leurs sujets et pour eux-mêmes, la confiscation, par exemple, par l'Etat détenteur de ces richesses dissimulées ou exportées, et une amende correspondante dans le pays d'origine sur le reste de l'héritage, auront vite raison de l'abus. Quel gouvernement n'est obéré aujourd'hui, et ne verrait dans cette équitable et féconde loi du *maximum* un moyen providentiel de remettre l'équilibre dans son budget et d'amortir la dette publique ? Ici également : **Ceci paierait cela.**

Maintenant, quelle proportion admettre pour ce maximum ? Ce détail reste à débattre. Comme points de comparaison seulement, supposons les chiffres suivants :

Le premier million d'héritage paierait 1 %; le deuxième million paierait 2 %; le troisième, 4 %; le quatrième, 8 %; le cinquième, 16 %; le sixième, 32 %; le septième, 64 %. Le huitième et les suivants reviendraient à l'Etat avec les différentes taxes les sept premiers millions, ce qui réduirait les plus forts héritages à moins de six millions nets, assez encore pour soustraire les héritiers aux angoisses du besoin.   A. A.

grand encore, faute de l'impulsion dans le travail et les échanges que seule peut donner une certaine élévation de capital dans la même main. Il n'est donc pas de l'intérêt du pauvre qu'il cesse d'y avoir des riches, mais il est de l'intérêt de tous qu'il cesse d'y avoir des indigents. Alors seulement la philosophie des compensations chère à Azaïs pourra entrer en matière, et le villageois, heureux en face de son champ prospère, n'enviera pas les soucis du remueur de millions.

Comment ce résultat pourra-t-il être obtenu ?

Le Garantisme, dit M. Hippolyte Destrem, y conduit directement par trois moyens, qui sont :

1° Le doublement des ressources du pays ;

2° Leur répartition plus équitable ;

3° L'épargne mise à la portée de tous et successivement capitalisée par chacun.

Pour ce qui est du doublement du revenu, dans ce qui concerne seulement l'agriculture, il est avéré, par la science et par les faits, que sa production peut être portée au double moyennant les conditions suivantes :

1° Multiplication des engrais ;

2° Dessèchement des terres trop humides ;

3° Irrigation des terres trop sèches ;

4° Reboisement des pentes et des cimes dénudées ;

5° Amendements des terres par des mélanges minéraux;

6° Assolements intelligents ;

7° Emploi des machines et instruments perfectionnés ;

8° Amélioration des communications vicinales ;

9° Crédits facilement obtenus et sûrement garantis ;

10° Réunion en lots d'une grandeur raisonnable des parcelles divisées à l'excès.

Les exemples partiels qui existent d'un pareil doublement de rapport ne laissent aucun doute sur la possibilité du doublement total, du moment où le même régime sera appliqué partout. Et qui dit doublement de la richesse agricole dit en même temps doublement de la production industrielle, parce que ce second rendement ne dépend que de la demande, et que le seul fait de l'accroissement de la richesse agricole déterminera une augmentation proportionnelle d'achat des objets de l'industrie.

Ajoutons bien vite que pour que ce doublement de la production soit un bienfait, il ne faut pas qu'il se réalise pour ainsi dire à part et au milieu des mêmes conditions économiques actuelles qui en feraient au contraire une cause de ruine pour les producteurs, par l'avilissement des prix qui s'ensuivrait immédiatement. Il faut qu'en même temps s'établisse le nouveau régime d'équitable répartition des fruits du travail, qui augmentera proportionnellement la consommation des produits industriels et agricoles, car tout cela tient ensemble.

Reste à voir ce que sera ce régime, qui apportera la répartition la plus équitable et la plus conforme au bien général. Ce sera le *Régime des Garanties sociales*, que nous appelons simplement le *Garantisme*.

Écoutons encore, sur ce sujet essentiel, ce que dit M. Hippolyte Destrem de l'exercice de ce régime : « Le Garantisme, envisagé dans sa partie rénovatrice de l'ordre économique, et spécialement en ce qui concerne la distribution, entre les divers membres du corps social, de la richesse annuellement produite, opère, dès le début de son établissement, une transformation des plus heureuses. Par l'organisation du Droit au Travail (1), il supprime l'indigence, le chômage, les inactions forcées et fait remonter les salaires au niveau qu'exigent les besoins de l'existence. Par l'organisation d'assurances nationales contre tous les risques et sinistres indépendants de la volonté des indi-

---

(1) Nous avons vu dans la Première Partie que des colonies agricoles d'État, installées soit en France même, soit dans ses colonies, pourraient devenir des déversoirs de population toujours ouverts aux sans-travail, ou même imposés d'office, dans des établissements à part, aux vagabonds et mendiants, l'État ou les communes prenant à leur charge les frais de déplacements qui ne représenteraient jamais qu'un chiffre modeste dans les budgets annuels.   A. A.

vidus, il fait disparaître toutes les causes de ruines et de malheurs immérités. Par l'organisation de factoreries communales, il dégrève les revenus humbles ou modestes du lourd tribut qu'ils paient au mode commercial vicieux actuellement en vigueur. Par le remaniement des impôts, notamment par l'impôt progressif sur les transmissions de fortunes exubérantes au delà des besoins les plus larges de la nature humaine, il opère, au profit des revenus modestes et humbles, un autre dégrèvement. Par les agences financières et la publicité communale, il met, au moyen du crédit et des connaissances divulguées, les petits producteurs en état de soutenir la concurrence des grands. Enfin, par l'ensemble de son mode producteur et échangiste, il fait disparaître les causes de ruine afférentes aux faillites, banqueroutes, insolvabilités, ainsi qu'aux emplois de fonds véreux ou chimériques. Le résultat de cette transformation se traduit en une noble aisance mise à la portée de chaque famille comme minimum.

On voit qu'ici il n'est question ni de théories illusoires, ni de formules magiques, ni de bouleversements politiques. Il ne s'agit que de raison, de justice, de travail et de paix, c'est-à-dire des seuls moyens efficaces et vrais de prospérer en société et de répartir équitablement cette prospérité.

Nous ne présentons de tout cela que les grands traits, les limites de cet aperçu ne nous permettant pas d'entrer dans les mille détails techniques et statistiques qui appuient scientifiquement et expérimentalement, dans l'œuvre de M. Hippolyte Destrem, chaque pas qu'il fait dans les développements du Garantisme, guidé par ce qu'il nomme le *logico-juridisme*. Cette dernière appellation a son importance, ne serait-ce que pour distinguer les nouveaux mobiles à but réellement *sociétaire*, des mobiles encore dominants qui n'ont guère été autres jusqu'ici que l'exploitation *particulière* de tout desideratum social, exploitation intéressée où le bien public sert seulement de prétexte.

Donnons cependant encore quelques chiffres pour déterminer la nature et les proportions relatives des capitaux représentant avec une grande approximation la richesse totale de la France. C'est un des points les plus essentiels à élucider pour servir de base aux desiderata à formuler pour l'avenir. On estime :

1º La valeur des fonds de terre......................	85	milliards.
2º La valeur des propriétés bâties....................	85	—
3º Les valeurs de portefeuille françaises, rentes, actions, obligations diverses.................................	45	—
4º Les valeurs de portefeuille étrangères..............	20	—
5º Les effets, créances, fonds de commerce et d'industrie..	15	—
6º L'or et l'argent monnayés..........................	7	—
7º Les bijoux, argenterie, livres et objets d'art...........	10	—
Total général......	267	milliards.

Voyons comment et dans quelles proportions ces 267 milliards sont actuellement répartis entre les diverses classes de la société :

	Familles.	En moyenne.	
1º Opulence................	100.000	700.000 fr.	70 milliards.
2º Richesse	250.000	300.000....	75 —
3º Moyenne aisance.........	500.000	120.000....	60 —
4º Petite aisance	750.000	50.000....	37 —
5º Petites exploitations	1.250.000	12.000....	15 —
6º Travailleurs ayant des épargnes mobilières.	1.000.000	6.000....	6 —
	1.000.000	3.000....	3 —
	1.000.000	1.000....	1 —
7º Pauvreté tolérable	2.000.000		
8º Pauvreté douloureuse	1.000.000	Capital nul ou	0 —
9º Indigence, misère........	800.000	à peu près	
10º Population interlope, abjecte ou dangereuse....	350.000		
Total des familles ou ménages distincts	10.000.000	Total des capitaux.......	267 milliards.

Nous avons vu que, sans chimères, le desideratum du doublement du revenu actuel de la France, avec un gouvernement véritablement initiateur et pratique, est chose réalisable en un temps relativement court. Le tableau précédent vient maintenant de nous montrer dans quelle disproportion énorme la richesse est répartie. Au-dessous de la quatrième catégorie, l'aisance cesse. C'est dans cette masse de neuf millions de familles qu'il faut apporter l'amélioration, et c'est ce que réaliseront les institutions du Garantisme.

Avec l'accroissement du rendement agricole et celui de la production industrielle venant à la suite, aidés de l'économie considérable des factoreries communales, c'est naturellement dans les mains des producteurs que vient tout d'abord l'excédent produit, avec la possibilité d'épargner en proportion.

A titre, non plus de statistique effective, mais seulement de démonstration palpable, servons-nous encore des chiffres :

Dans ces conditions toutes nouvelles, « il sera facile à tout producteur, dit M. Hippolyte Destrem, de réaliser par an 500 francs d'épargnes au minimum. Prenons ce minimum pour point de départ. En l'appliquant aux 9 millions de familles les moins favorisées, on obtient 4 milliards et demi d'épargnes s'accumulant chaque année en leurs mains.

Productifs d'intérêts capitalisés, ils s'élèveraient en vingt-cinq ans à 150 milliards de capitaux dont la possession permettrait aux prolétaires de racheter la propriété des fonds producteurs par le seul moyen de leurs épargnes accumulées dans l'intervalle. Ce résultat s'appliquerait progressivement d'année en année, et le couronnement final serait obtenu au bout d'une génération. Là est tout le secret de la rénovation économique, qui se traduira fidèlement en cette devise : *Tout travailleur capitaliste, tout capitaliste travailleur, à tous les degrés de l'échelle sociale.* »

Maintenant, résumons le programme de la Rénovation économique de la France au xx⁰ siècle, en présentant le tableau des principales institutions du Garantisme dressé par M. Hippolyte Destrem :

1° *Le Droit au Travail* réalisé régulièrement par la colonisation pacifique à l'intérieur et à l'extérieur. — Action convergente, à cet effet, de trois facteurs associés : l'État, les travailleurs salariés et participants, les compagnies commanditaires. — Cahiers de charges assurant aux travailleurs la propriété des terres colonisées, après remboursement des compagnies en capitaux, intérêts et primes.

2° *Les factoreries générales, communales et cantonales*, instruments des échanges dans un ordre absolu de vérité, de loyauté, de stricte économie, pour tous les producteurs et tous les consommateurs.

3° *L'Assurance nationale contre la mévente et le non écoulement des produits*, établissant l'équilibre entre la production et la consommation; prévenant les encombrements et les pléthores, et préservant ainsi les producteurs de tout ordre contre leur principale chance de ruine.

4° *Loi interdisant, dans certains cas déterminés, la spéculation pure des non-producteurs*. Est-il, par exemple, plus longtemps tolérable de voir des agioteurs, souvent étrangers, ne produisant pas un hectolitre de blé, n'ayant que des bureaux pour tout établissement, s'interposer entre la production et la consommation et détourner tant de millions, alors que les cultivateurs français sont mis en perte par les coups d'agio de ces parasites ?

5° *Institution des agences financières communales, cantonales et des banques de prêts d'honneur* dans le double but : de faire pénétrer le crédit à la base de la production, tant rurale qu'industrielle, et de sauvegarder l'épargne contre les manœuvres et les faux calculs qui, dans l'état actuel des choses, en dévorent tous les ans la moitié.

6° *Indemnités budgétaires aux agriculteurs* sinistrés par la grêle, les inondations, les gelées, l'épizootie.

7° *Les seuls citoyens nés français admis à posséder en propriété la terre française*, dont les étrangers ne pourront jouir qu'à titre de location temporaire. Question économique, politique et surtout nationale de premier ordre.

8° *Article de la Constitution sanctionnant les contrats de fermages* comme reconnus par la loi jusqu'en 1925 ou 1935 inclusivement, et cessant d'être reconnus à partir de cette époque.

9° *Lois organiques favorisant, dans la mesure du possible, des Sociétés anonymes* pour élever des maisons modestes et saines, avec jardins, qui moyennant une annuité de 4 °/₀ plus la prime d'amortissement, deviendront au bout de vingt ans la propriété de leurs locataires.

10° *Faculté pour la Société de créer des établissements producteurs communaux* quand l'industrie privée tiendra trop élevé le prix de ses produits, ou tendra, par des coalitions, soit à des surélévations de prix de vente, soit à un abaissement abusif des salaires.

11° *Lois et mesures gouvernementales* favorisant, par entente avec les chefs de la production, l'accession des salariés à la participation des bénéfices et à l'acquisition graduelle des parts de propriété dans les fonds producteurs, suivant l'ingénieux système du familistère de Guise et des usines Laroche-Joubert, sauf modifications de détail.

12° *Institution des retraites professionnelles* pour les producteurs des deux sexes âgés de soixante-dix ans ou frappés d'une incapacité de travail prématurée. Car il faut que même les plus humbles citoyens soient assurés pour leurs vieux jours de l'*Otium cum dignitate* des anciens. Ajoutons qu'étant donnée l'invincible inaptitude de la plupart des travailleurs actuels à économiser, à pouvoir posséder, il est sage et humain que le législateur soit pour eux plus prévoyant qu'eux-mêmes.

13° *Extension aux veuves chargées de famille et dépourvues de moyens d'existence* du bénéfice des retraites professionnelles.

14° *Institution des pupilles de la patrie* pour faire remplacer par la société la famille qui manque aux enfants abandonnés, orphelins, issus de parents indignes ou indirectement atteints par le divorce de leurs parents. Travaux professionnels jusqu'à la majorité, reposant sur l'agriculture et l'industrie combinées, faisant face aux frais de l'institution. Complément des frais, s'il y a lieu, réparti sur la masse des célibataires. Essai d'application à ces travaux du principe sociétaire et sériaire formulé par Fourier.

15° *Division de la minorité en trois âges* et droits progressifs d'une catégorie à l'autre : Enfance, adolescence, semi-majorité.

16° *Nécessité pour être électeur et éligible* de justifier d'une profession privée ou administrative, manuelle ou intellectuelle quelconque, contribuant à la richesse ou à la grandeur de la société, ladite disposition applicable seulement à ceux qui entreront en majorité après la promulgation de la Constitution.

17° *Établissement de l'impôt progressif sur les successions*, base efficace entre toutes pour l'union des classes et la durée de la paix sociale. Calculer cet impôt de manière à lui faire produire une somme suffisante pour remplacer immédiatement les droits d'octroi, les impôts sur les chemins de fer, et ceux qui grèvent directement la production et la circulation de la richesse, ainsi que l'administration de la justice.

18° *Entente entre l'État et les Compagnies de Chemins de fer* pour la réduction des tarifs au plus bas prix, facilités par la suppression des impôts qui grèvent aujourd'hui ces entreprises.

19° *Établissement de l'impôt progressif sur le revenu*, par voie d'expérimentation graduelle et progressive, commençant par une taxe très faible, et se développant insensiblement, de telle sorte qu'après les habitudes fixées, cet impôt, le plus économique dans sa perception, puisse tenir lieu de presque tous les autres, à la satisfaction de tous.

20° *Mesures préparatoires prises dans l'armée* pour arriver progressivement à la transformation des armées destructives en armées industrielles et créatrices.

21° *Liberté absolue pour exposer, défendre et propager* toutes les théories, doctrines et enseignements sur toutes matières scientifiques, artistiques, littéraires, religieuses, philosophiques, économiques et politiques.

22° Par contre, *Création du corps militant des publicistes* pour propager les vérités reconnues et réfuter, dans des publications mises à portée de tous, les erreurs et les sophismes que propagent si souvent l'ignorance, les préjugés ou la mauvaise foi des intérêts inavouables.

N'est-il pas temps que le journal, ce pain quotidien des esprits, ne soit plus la chose des spéculateurs de la finance et de la politique ? En ce temps d'entraînement des masses vers l'abject et l'ignoble, ne croit-on pas que l'illustration nationale ne gagnerait pas à se sentir l'appui de moniteurs intègres, servant de types de comparaison avec le journal menteur ou le livre fangeux ?

23° *Institution des tribunaux d'honneur* prononçant des avertissements ou des radiations des listes électorales contre ceux qui ont manqué à l'honneur professionnel, aux devoirs de la famille, ou qui ont contracté l'habitude de vices abrutissants. Les mêmes tribunaux seraient appelés à concilier et trancher les questions d'offenses personnelles de manière à supprimer les duels.

24° *L'Infamie prenant place dans le Code* parmi les crimes et délits. Que d'infâmes, traîtres, suborneurs, parjures, abjects, plus condamnables souvent que les voleurs et les assassins, et qui restent impunis par insuffisance de la législation actuelle !

25° *Organisation de la profession médicale* élevée au rang d'office public, s'exerçant par groupes de médecins communaux ou cantonaux, remplissant sans honoraires leurs fonctions rétribuées par la commune ou le canton ; développant les habitudes d'hygiène et les soins préventifs dans toutes les familles ; dressant dans chaque commune la statistique pathologique et hygiénique du pays, et correspondant, pour tous les grands intérêts de la science et du développement physique des populations, avec le Grand Conseil supérieur de thérapeutique et d'hygiène nationales.

26° *Gratuité de la justice devenue fonction publique*

intégralement rétribuée par l'Etat, supprimant ainsi les interminables lenteurs et les coûteuses formalités de la justice actuelle, si préjudiciable aux plaignants pauvres et même aux riches.

27° *Garantir contre les révocations arbitraires* les fonctionnaires et employés de tout ordre. Assurer la propriété de l'emploi civil, selon des garanties analogues à celles qui régissent le grade militaire. Par contre, introduire une rigoureuse *responsabilité* pour les titulaires de ces emplois.

28° *Institution d'un ministère du progrès intellectuel et scientifique* pour organiser, en soldant les dépenses sur les fonds nationaux, toutes les expériences, missions et recherches, qui, sur toute la surface du globe, feront progresser les sciences astronomique, physique, chimique, géologique, ethnographique, historique, physiologique, psychologique et sociologique, dont l'étude et les dépenses surpassent les forces de chaque investigation privée.

29° *Institution de l'hospitalité française internationale* ayant pour grand-maître le chef de l'Etat, engageant, par une série d'invitations privées, les illustrations du monde entier à se réunir à Paris, successivement et par intervalles, chaque année, pour échanger leurs idées, leurs relations et leurs connaissances.

30° *Délégations arbitrales permanentes* de représentants, de chefs industriels d'une part, et d'ouvriers d'autre part, par catégories d'industries, composées de capacités aptes à juger, sous tous leurs multiples aspects, les différends qui s'élèveraient entre employeurs et employés. Ces délégations seraient érigées en tribunaux, dont les sentences auraient force de loi et remplaceraient, par un ordre légal, le désordre des grèves, qui prennent de plus en plus, de nos jours, le caractère de guerre à l'intérieur.

31° *Principe de la future unité européenne* introduit dans la Constitution, et organisation de la diplomatie française sur les errements nécessaires pour amener, par des négociations continues, la réalisation de cette unité, établissant la paix générale et permanente.

Par tout ce qui précède, et bien que nous n'ayons fait qu'effleurer cet important côté de la question sociale, nous espérons avoir donné une idée saisissable de la rénovation économique telle que la comprend l'École Sociétaire.

Revenons à présent au côté particulièrement politique, aux principes et à la forme perfectionnée de gouvernement, dont la notion se dégage du grandissement séculaire et continu de l'esprit d'organisation nationale, à travers les peuples et les temps. Ici comme partout, M. Hippolyte Destrem a puisé à toutes les sources et suivi un rigoureux enchaînement.

Tous les grands investigateurs politiques de toute époque ont été consultés, à commencer par Platon, dont les livres : *Traité de la République*, *les Lois*, *l'Homme d'État*, représentent le premier monument connu d'investigation politique et sociale ; puis Aristote, qui a créé la méthode d'observation ; puis Cicéron, qui ajoute aux théories de Platon et d'Aristote l'esprit juridique de l'ancienne Rome.

Le moyen âge lui-même n'est pas sans avoir fourni aussi ses titres à l'avancement de l'idéal de la justice sociale, avec saint Thomas d'Aquin, l'auteur colossal de *la Somme*, qui, dans ses considérations sur les lois, produit une idée capitale et féconde, celle des *Lois éternelles* préexistant à toutes les lois et institutions humaines.

Viennent ensuite les grands investigateurs modernes : Machiavel, dont le livre astucieux sert tout au moins au point de vue de la pathologie sociale et de la description du mal ; Hobbes, négateur de l'idée du droit et préconisateur de la force comme ayant seule, avec le *pacte*, le pouvoir de créer les sociétés, sans morale comme Bacon son maître, mais comme lui profond observateur des faits et tirant de l'expérience toute la leçon qu'elle peut fournir, utile à consulter également à divers points de vue comparatifs ; Bossuet, qui, dans sa *Politique de l'Écriture Sainte*, formule avant les conventionnels les principes de la solidarité et de la fraternité humaines, théorie qu'on lui a prise sans en faire honneur à son grand nom ; Fénelon, qui fait de l'amour universel le but supérieur des sociétés humaines et à qui l'on doit le nom nouveau de son temps, de *philanthropie*, qu'il souligne comme un néologisme; Montesquieu, l'immortel auteur de l'*Esprit des Lois*, concevant, au-dessus des lois faites par les hommes, une *Raison primitive et supérieure* qui est la mathématique des êtres intelligents, comme la géométrie immuable préside à toutes les figures que nous pouvons tracer ou imaginer, d'où la *Logique absolue*, la *Justice pure*, le *Droit éternel*, source de tous les droits particuliers ; J.-J. Rousseau, dont le *Contrat social* pose le faux principe de la convention comme mère des sociétés, mais qui ouvre les yeux sur l'absolue nécessité pour les hommes de s'entendre afin de se maintenir et durer au milieu des obstacles que leur oppose l'état de nature; Quesnay, qui, plus que tous ses prédécesseurs, entrevoit l'avenir véritable des sociétés, pour lesquelles il y a une route nécessaire qui nous mène à un *ordre naturel, essentiel et général;* Turgot, puis Condorcet, entrevoyant l'idée du *progrès continu*, de la *perfectibilité* du genre humain.

C'est à présent le tour des constituants de 1791, visiblement influencés par Rousseau et le vide de ses idées. Ils proclament que le but de toute association politique est la conservation des *droits naturels* de l'homme ; or les sociétés véritables font tout autre chose et bien plus que *conserver* un homme primitif prétendu, car c'est par elles, au contraire, que l'homme progresse et s'élève dans l'échelle des êtres. Les constituants n'ont d'ailleurs formulé que les droits de l'homme et du citoyen sans tenir compte des droits particuliers de la femme et de l'enfant. Mais le principal objectif des constituants était avant tout de détruire l'ancien régime. Ils se sont bornés à cela. Les conventionnels qui continuèrent les constituants gardèrent les mêmes errements.

Arrive Napoléon Ier, dont la théorie des *Hommes providentiels* a pour elle, il est vrai, la réalité historique des grands hommes qui ont représenté un principe, un ordre, une organisation, devenus la nécessité de l'époque où ces hommes sont apparus ; mais ces instigateurs, en quelque sorte providentiels, sont les produits fortuits, et distants les uns des autres, d'une situation, d'une nécessité sociale. Ils ne sont pas une dynastie ; la codification de nos lois modernes, faite sous le nom et l'inspiration de Napoléon Ier, est, en attendant un meilleur code, son titre le plus sérieux à compter parmi les grands investigateurs de l'organisation sociale.

Les philosophes et penseurs de caractère particulièrement sociologique viennent maintenant en nombre. Parmi eux, d'abord Saint-Simon, lequel, s'inspirant évidemment du traité *de la Perfectibilité* de Condorcet, voit dans l'Humanité un être qui progresse et se perfectionne constamment à travers les âges, point de vue plein de vérité et d'esprit d'organisation ; Charles Fourier, qui, témoin des essais tentés par les Constituants et leurs successeur, vivant dans le fébrile mouvement intellectuel de la grande époque révolutionnaire, reconnaît que rien dans cette agitation ne mène à la solution du problème social que posent les temps actuels, et qui tente alors de ce problème une solution toute nouvelle, celle dont l'École Sociétaire, qui conserve le dépôt de sa doctrine, continue de poursuivre la réalisation ; Auguste Comte, pour qui l'esprit humain, dans son mouvement vers le vrai, tend à passer par les trois états successifs qui sont : 1° l'*état théologique*, durant lequel l'esprit humain reporte les phénomènes à l'action d'êtres supérieurs appelés dieux ; 2° l'*état métaphysique*, où l'on rapporte les phénomènes à des forces abstraites ; 3° l'*état positif*, vers lequel nous marchons en ce moment, selon Comte et son école, et qui est, d'après eux, l'état scientifique pur et véritable où l'on doit, disent-ils, tenir compte seulement de la manière dont les phénomènes se succèdent, et écarter absolument toute vue métaphysique ou théologique ; Proudhon, puissant critique, mais esprit paradoxal, qui n'a pas de système régulier d'affirmations organiques, mais qui est possédé du pressentiment et de l'amour profond d'une justice idéale dont la réalisation doit être envisagée comme le terme nécessaire du mouvement des sociétés.

Nous ne ferons pas aux grands investigateurs que nous venons de citer l'injure de compter à leur suite Karl Marx et son école actuelle, qui, outre toutes ses audaces, a l'insigne toupet de s'intituler scientifique. Ses principes propres, qui ne sont que désorganisateurs et anarchiques, ne constituent pas autre chose qu'une grave épidémie sociale qui réclame les soins d'une prophylaxie énergique et prompte.

De la rapide revue que nous venons de passer se dégage visiblement le fait d'une progression ascendante dans la marche des idées touchant l'organisation politique. Cette progression n'est que l'expression morale grandissante de l'avancement spécifique en quelque sorte et croissant, lui aussi, des grandes existences collectives, des sociétés qui, des vagues liens de l'état barbare, s'élèvent degré par degré à la solidarité de plus en plus étroite de la civilisation. Et elle devance même le développement social effectué, en prévoyant et préparant pour l'avenir des formes d'organisation plus perfectionnées encore.

Pour bien préciser les assises de la forme nouvelle de gouvernement que nous allons énoncer tout à l'heure, exprimons d'abord clairement l'ordre universel dans lequel s'édifie toute véritable société, et quel but supérieur cette société doit poursuivre.

Premièrement. — L'homme, la femme et les enfants nés de leur union forment la société de premier degré, la famille, unité élémentaire de toutes les édifications qui viendront à la suite.

Deuxièmement. — Les familles juxtaposées sur le sol sont appelées à former cette société de second degré qui se nomme la Commune ou la patrie locale, foyer d'unité morale pour les individus nés ou habitant sur le même sol.

Troisièmement. — Les communes éparses dans une même circonscription géographique tendent à s'unir pour cette unité de troisième degré qui s'appelle la région et qui, avec plus d'extension seulement, se base sur la même sympathie et la même identité d'intérêts, de tempérament, de passé historique, que celles qui font le lien communal.

Quatrièmement. — Enfin les unités régionales sont appelées à s'unir et à se coordonner sous la direction d'une unité supérieure qui s'appelle la *Nation*, la *Patrie*, l'*État*. C'est dans les limites de la nation que règne en son entier le droit commun et social. Au delà, de peuple à peuple, il n'y a plus que les rapports internationaux sans base fixe, où le primitif droit de nature reprend presque toute sa force et son indépendance. Selon les circonstances, c'est la paix ou la guerre. L'unité nationale, la Patrie, est la plus haute expression actuelle de la solidarité et de l'organisation humaine, et le sentiment de cette solidarité, de cette vie commune et supérieure, s'impose à l'individu avec une énergie telle, que les exemples abondent de citoyens se sacrifiant volontairement pour la patrie. Cette abnégation individuelle est un des plus nobles élans qui honorent la nature humaine.

Voilà pour l'état présent de l'humanité terrestre.

Quant aux édifications futures, elles se dessinent déjà, ou se peuvent prévoir. Ainsi, une cinquième formation unitaire sera celle des États ou différentes unités nationales en unités continentales, entendant par ce mot continents les plus grandes régions géographiques du globe. L'Europe actuelle, par exemple, se résumerait en la première de ces unités continentales, et c'est même à quoi travaille déjà avec le plus entier dévouement, le bureau international de la *Paix*, dont le siège est à Berne, avec M. Frédéric Bajer pour président, et M. Elie Ducommun pour secrétaire honoraire.

Dans des temps plus éloignés, les unités continentales pourront être appelées à se fondre dans la future Unité humaine, sans que jamais pour cela cessent d'exister les sous-unités antérieures englobées les unes par les autres. Tou-

jours et encore la série fouriériste des groupes réservant
intactes les existences propres des individualités ou unités
de tous les degrés.

Après la loi d'ordre universel qui préside aux graduelles
édifications de l'humanité, voyons le but supérieur auquel
doit tendre toute société. Ce but unique et constant est le
bonheur commun de toutes les personnes humaines, par
le perfectionnement de l'homme en son être physique ou
économique, son être affectif, son être intellectuel et son
être moral, perfectionnement qui, au delà de l'individu,
s'étend ensuite au corps politique et à l'espèce tout entière.

Le perfectionnement de l'individu a son expression la
plus haute dans cette devise :

> Tempérance, Force, Justice, Bonté.

Pour le corps politique, c'est la devise rationnelle :

> Harmonie par la liberté ;
> Hiérarchie dans l'égalité ;
> Responsabilité dans la solidarité.

Quant au perfectionnement de l'espèce, c'est :

> Logique immuable ; Droit absolu ; Unité humaine ; Progrès indéfini.

Le droit, dans la personne humaine en général, comprend
les différences basées sur celles que la nature met entre
l'homme, la femme et l'enfant. Il est donc essentiel de
spécifier à part les droits de l'homme, ceux de la femme et
ceux des mineurs. Parmi ces derniers, une législation spéciale s'appliquera à la catégorie nombreuse de ce que nous
avons appelé *les pupilles de la patrie*, institution de première importance pour le bonheur et l'avenir de ces enfants,
pour les mœurs, pour l'intérêt même de la patrie.

Le droit politique communal a aussi son aire spéciale, de
même que le régional, avant de se fondre dans les dispositions législatives concernant la grande existence nationale.
Après cela viendra le droit de peuple à peuple, en atten-

dant que se réalise la grande alliance européenne, qui seule pourra résoudre la question si anxieuse du désarmement général, et instituer le droit fédératif de la future unité européenne.

Les limites que nous nous sommes fixées pour cet aperçu ne nous permettent pas d'examiner les 227 articles constitutionnels dans lesquels M. Hippolyte Destrem a formulé l'ensemble des desiderata de l'ordre nouveau du Garantisme.

Nous passerons donc sur les articles qui traitent des questions intimes d'organisation communale et régionale ; du culte, lequel doit jouir de la plus entière indépendance en même temps que de la protection de l'État comme chose relevant de l'Etre social ; de l'armée, qu'il convient déjà d'approprier en partie au rôle colonisateur et industriel, le seul qui lui reviendra dans l'avenir ; de l'enseignement et des détails du fonctionnement administratif en général, pour nous en tenir seulement à énoncer ici les grandes dispositions de l'organisation gouvernementale la plus conforme aux principes du Garantisme, régime des temps nouveaux :

La **République rénovatrice** a pour base le suffrage universel et le plébiscite.

Le territoire français est divisé en communes d'une certaine importance, que composent soit des groupes de petites localités, soit une fraction prise dans les grandes agglomérations des villes, formant ainsi les premières unités politiques du pays et possédant tous les éléments d'une complète administration communale.

Vient ensuite la région territoriale, deuxième unité politique qui réunit un plus ou moins grand nombre de communes pour des causes géographiques ou ethnographiques diverses.

L'ensemble des régions constitue la suprême unité nationale.

Un grand Jury national, composé d'environ six mille

délégués des communes de France et renouvelé chaque année, représente l'ensemble du pays et élit les membres des trois organes du pouvoir législatif qui sont :

1° La Chambre consultative de législation, d'administration et de politique, chargée d'étudier par avance toutes les lois et mesures générales de gouvernement. C'est une grande école préparatoire et initiatrice aux hautes fonctions de l'État. Cette institution est de première importance pour pourvoir le pays de capacités techniques et pratiques. Il conviendra peut-être que les membres de cette Chambre consultative soient plus particulièrement proposés et nommés par la commune et la région (1).

2° L'Assemblée législative proprement dite, qui exerce effectivement le pouvoir législatif.

3° La Cour suprême de droit public instituée pour examiner tous les actes émanés de l'Assemblée législative au point de vue des principes écrits dans la Constitution.

Ces divers organes représentent les trois phases naturelles de la préparation, de la fixation et de la revision applicables aux fonctions législatives.

Le Pouvoir exécutif qui vient ensuite est exercé par le président de la République et ses ministres.

Pour la nomination du chef de l'État, les trois organes législatifs réunis en Congrès proposent les candidats qui leur paraissent le plus dignes de la magistrature suprême, et le président de la République est élu au suffrage universel ainsi que les deux vice-présidents destinés à se succéder les uns aux autres en cas de décès, dans l'intervalle des sept années que dure chaque présidence.

Le Pouvoir exécutif, couronnement nécessaire de l'édifice politique, doit se résumer en un seul homme, pierre culminante de la pyramide sociale, personnification vivante de l'État, tant que durent ses fonctions.

Seul il nomme ou révoque en tout temps les titulaires

(1) Voir à ce sujet le livre la *Future Constitution de la France*, où se trouve déterminée la manière dont se compose la Chambre consultative de législation et de politique.

des divers ministères, répartis à peu près comme ils le sont actuellement, avec addition de quatre autres qui seront ceux :

Du droit au travail et de la colonisation ;

De la tutelle de l'enfance ;

Des assurances nationales contre les risques industriels et commerciaux ;

Du progrès intellectuel et scientifique.

L'édifice, on le voit, est étroitement relié en toutes ses parties, qui toutes reposent sur la base du suffrage universel, en évitant les grands écueils électoraux actuels d'incapacité, de vénalité, de pression administrative ou factieuse, et en plaçant pratiquement vis-à-vis des pouvoirs publics non plus la masse entière du pays incapable d'initiative légale et raisonnée, par l'inertie de sa masse même, mais un grand Jury renouvelé tous les ans, qui sera la représentation effective et vigilante la plus réelle et en même temps la plus capable et la plus désintéressée de la nation entière : nécessairement alors la plus patriote. Ce suffrage, bien que gradué, n'en est pas moins universel en ses assises et d'un caractère autrement national que les élections pratiquées dans les pays censitaires, germaniques et anglo-saxons, où le droit électoral est moins le droit des hommes que celui de leur argent.

D'autre part, la centralisation administrative actuelle, avec ses criants abus, fait place à une vie régionale et une vie communale davantage dans la nature des choses sociales, et devant produire les meilleurs résultats d'organisation et d'administration intérieures.

Dans cette revision générale des choses de l'État, M. Hippolyte Destrem aborde jusqu'à la question des emblèmes nationaux qui ne paraîtra puérile à aucun vrai citoyen.

Au lieu de la pauvreté muette de nos emblèmes actuels, il veut d'abord des armoiries historiques pour chacune des communes ; ensuite il propose, pour l'écusson des armes de France, une sorte de fusion artistique des principaux signes résumant le grand passé de notre pays, depuis les trois fleurs de lys d'or, sur champ d'azur, jusqu'au triangle symbolique de la première République française.

Les armoiries bien comprises ont la plus haute valeur pour caractériser les diverses collectivités nationales. A cet égard, le vaisseau prophétique et la superbe devise des armes de la Ville de Paris sont un véritable modèle du genre.

Le drapeau national lui-même doit-être revu, et n'exprimer que les plus nobles souvenirs et les plus hautes aspirations de la France. Et il n'est pas jusqu'à la question des chants et airs nationaux qui ne nécessite une rénovation conforme aux nécessités des temps nouveaux.

Les fêtes nationales également méritent une place au premier rang de nos vœux patriotiques. Pourquoi, au lieu d'une fête unique ne rappelant qu'un fait marquant de l'histoire moderne, ne pas avoir tout un cycle de grandes fêtes successives, embrassant même quelques années, pour commémorer tous les grands événements qui ont marqué l'accomplissement des destinées de la Patrie ?

C'est une heureuse pensée aussi que de faire de l'ancien palais du Louvre et des Tuileries le siège des séances du Grand Jury national, concentrant en un même grand monument historique les souvenirs du passé et les garanties du présent et de l'avenir.

Avec un tel ensemble logique et solidaire des formes représentatives et de la puissance exécutive, une inébranlable stabilité est assurée à la République rénovatrice, qui ne connaîtra plus d'autres changements qu'une perfectibilité toujours possible et toujours conforme aux développements matériels et moraux de la nation elle-même, et à l'influence qu'elle doit exercer sur le monde pour le bonheur du genre humain.

Point n'est besoin de bouleversements violents pour qu'une grande Assemblée constituante, animée de l'esprit nouveau, établisse le régime des Garanties sociales et la

République rénovatrice dont nous venons d'exposer les principes essentiels.

Sans rien demander aux théories exotiques, le programme *français* de l'École sociétaire se suffit et répond complètement aux plus urgents desiderata des temps actuels, sans rien entraver ni compromettre des développements futurs.

Contrairement à l'esprit individualiste, qui méconnaît les grands rôles collectifs, les attributions naturelles de l'Être social, et sans attenter à la véritable liberté individuelle, des innovations comme l'établissement de ce grand Jury national, en face duquel tous les pouvoirs publics seront forcés d'être zélés et intègres ; comme la gratuité de la Justice tout en faveur de la vraie justice ; celle du corps médical devenu office public ; de nouvelles institutions aussi fécondes en avancement moralisateur que les ministères du droit au travail, de la tutelle de l'enfance, des Assurances nationales et du Progrès intellectuel ; la création d'une Presse d'État, phare non trompeur de vérité, office soustrait par sa nature administrative aux pratiques avant tout commerciales et intéressées de la Presse actuelle, sans nullement détruire pour cela l'émulatrice liberté de la Presse exercée dans les limites du droit commun ; de telles innovations, disons-nous, seront d'une autre efficacité et d'une autre portée que tout ce que propose aujourd'hui l'esprit, nous dirions presque la maladie de nivellement à outrance, qui ne sait aller qu'à la dislocation, à l'émiettement du corps social, qu'il rendrait bientôt aussi inconsistant que le sable et la poussière.

Enfin, le principe de la fédération européenne, qui représente le dernier desideratum de l'École sociétaire, n'est-il pas l'unique moyen de mettre fin à l'état de barbarie militaire dans lequel l'Europe est tombée ? Il n'y a aucune illusion à se faire sur cette question terrible. Le désarmement est devenu moralement impossible aujourd'hui par n'importe quelle autre voie que la Fédération ou bien un définitif écrasement général.

La question féminine, si passionnante et si agitée en ce moment autour de nous, est loin d'avoir été délaissée par l'École sociétaire, car elle est inséparable de celle du mouvement évolutif qui transforme sous nos yeux la société civilisée, pour en faire la société garantiste.

« Les progrès sociaux et changements de période, disait Fourier, s'opèrent en raison du progrès des femmes vers la liberté, et les décadences d'ordre social s'opèrent en raison du décroissement de la liberté des femmes. L'extension des privilèges des femmes est le principe général de tous les progrès sociaux. »

Ce n'est pas d'aujourd'hui que datent les revendications pour le droit et l'émancipation de la femme. Une sérieuse revision est à faire, dans le code touchant ses droits légitimes, et dans les mœurs touchant d'injustes préjugés. Cependant la théorie sociétaire ne perd jamais de vue les conditions naturelles de la compagne de l'homme, et elle n'entend pas porter atteinte à l'harmonie de la famille, première unité et première base sociale. Sa théorie de l'avancement féminin dans la société et la famille, où l'homme et la femme ne diffèrent de nature et de vocation que pour se compléter réciproquement, s'éloigne, autant ici que dans tout le reste, des théories du nouveau socialisme, dont l'objectif, toujours individualiste, ne tend qu'à un nivellement brutal, une sorte de *masculinisation*, qu'on nous passe le néologisme, de la femme, sous prétexte de chaînes imaginaires qui seraient à briser. Chaînes pour chaînes, qui dira véritablement qui les porte souvent le plus lourdes de la femme ou de l'homme, dans notre société ?

Cette théorie pessimiste, de même esprit, cela se comprend, que tout le système dont il fait partie, nous la trouvons longuement et savamment exposée par un des chefs les plus autorisés des nouvelles doctrines, Auguste Bebel, dans son livre *la Femme devant le socialisme*.

Il y a là certes de bonnes intentions, beaucoup d'observations et de préceptes vrais ; mais ce que nous avons dit de Marx, nous le dirons de Bebel. Tout cela avait été raconté avant lui, et ne vient d'ailleurs nullement à l'appui de sa thèse et de ses conclusions, qui sont radicalement fausses.

Bebel n'a pas plus la notion de la famille qu'il n'a celle de l'organisation sociale. Il n'y a jamais pour lui que l'individu et ici particulièrement l'individu-femme. Mais nulle compréhension de ces liens naturels, antérieurs même à l'espèce humaine, qui solidarisent durablement dans l'attachement mutuel et dans le même amour de la progéniture, jusqu'aux couples mâle et femelle des oiseaux, des lions et des tigres eux-mêmes. Tout y est grossier intérêt, violence, rut bestial, parti pris de prouver l'esclavage séculaire de la femme, sans qu'on entrevoie jamais dans le commerce sexuel la moindre élévation de cœur. Un de ces jours, Bebel fulminerait contre la tyrannie séculaire des parents sur les enfants, qu'il ne ferait que continuer son système. C'est toujours et encore l'*atrophie du sens organique* si complète chez les socialistes de son école.

Quant à nous, nous entrevoyons pour la femme un autre avenir que la lutte avec l'homme et à armes égales, sur le terrain de la politique, de l'économisme et du travail. La question matérielle de l'existence devenue facile pour tous est la première que nous nous attachons à résoudre, et la femme travailleuse et célibataire par nécessité ou par goût s'y rencontrera de pair avec l'homme. Mais après cette première question vitale, nous trouvons que ce n'est plus que rabaisser la femme et révolter ses sentiments les plus naturels que de la jeter de force et en fait contre son gré dans la mêlée des luttes de la vie sociale, sans nullement prétendre l'exclure toutefois des carrières qui seraient de sa vocation. Bien avant nos féministes contemporains, Fourier écrivait : « L'*Harmonie* ne commettra pas comme nous la sottise d'exclure les femmes de la médecine, de l'enseignement, de la réduire à la couture et au pot au feu. Elle saura que la nature distribue aux deux sexes par égales portions l'aptitude aux sciences et aux beaux-arts, sauf la répartition des genres, le goût des sciences étant plus spécialement dévolu aux hommes, et celui des arts plus spécialement dévolu aux femmes. »

Mais la destinée de l'immense majorité, de la presque totalité des femmes, est d'être avant tout épouses et mères, pivots de la famille, assez occupées du soin de leurs enfants et du gouvernement de la maison pour se voir exonérées de tout travail du dehors, et n'avoir rien à envier au rôle producteur et dirigeant du mari en tout ce qui touche les intérêts de la communauté. Juger la femme isolément est fort mal juger. La femme se complète par l'homme, comme l'homme se complète par la femme, et ce n'est que dans la famille que se rencontre le véritable équilibre des vocations très différentes de l'un et de l'autre. D'ailleurs, c'est déjà le cas de la plupart des familles françaises, où ce qu'on appelle les mauvais ménages ne sont que l'exception.

Selon la citation déjà faite de Fourier, « les progrès sociaux et changements de périodes s'opèrent en raison du progrès des femmes vers la liberté ». C'est assez dire que dans le régime subversif de *civilisation* dont nous avons signalé les vices, nous sommes les premiers à trouver que la femme prise en général est encore trop sacrifiée, et que la période perfectionnée du Garantisme dont nous préparons la venue réserve à la femme le plus complet affranchissement social compatible avec sa vocation naturelle et sa propre volonté. Elle lui promet surtout la reconnaissance de sa dignité supérieure d'épouse et de mère, avec le respect et un véritable culte dans l'amour.

De plus, la haute supériorité sentimentale de la femme, qui grandira au-dessus de toute prévision dans la société éminemment instruite et policée de l'avenir, lui assure un rôle initiateur, ou plutôt inspirateur de plus en plus marqué dans le monde, car les grands mobiles humains sont plus faits de sentiment, de passion, pour parler comme Fourier, que de raison fragile et d'intérêt brutal, n'en déplaise aux utilitaires.

Disons donc que l'avancement de la femme, dans le seul

et vrai sens de sa nature propre, s'appelle seul avancement. Le progrès niveleur des théories féministes en vogue n'est qu'abaissement et recul.

« Les doctrines négatives sont faites seulement pour détruire et ne sauraient rien édifier », ainsi que l'a dit Saint-Simon. Les théories du nouveau socialisme, tout individualisme et tout intérêt, sont nécessairement dépourvues aussi de tout idéal religieux.

C'est encore Saint-Simon qui dit : « La religion est la synthèse sociale. Toutes les grandes rénovations sont aussi religieuses. »

Qui dit rénovation dit phase nouvelle, nouveau pas décisif sur la route du devenir qui mène l'humanité à un but terrestre et ultra-terrestre que nous ignorons encore, mais qu'inéluctablement nous pressentons infiniment élevé au-dessus des conditions présentes de nos existences. Or, à phase nouvelle, idéal nouveau ou plutôt idéal agrandi et forme renouvelée de ce même idéal suprême de toujours, plus fait de sentiment que de raison, qui s'appelle l'élan religieux, la communion spontanée des âmes avec l'Être universel de qui elles viennent et vers qui elles retournent.

A l'enseignement matérialiste et athée, sans amour comme sans espoir, qui est celui de nos philosophes positifs, celui qui déchaîne les seules passions basses et cupides des égoïsmes individuels que nous voyons aux prises du haut en bas de la société, nous opposons, et l'École Sociétaire affirmera à la suite de ses publications en cours, la croyance spiritualiste et les espérances terrestres et ultra-terrestres du sentiment religieux dont les divers cultes existants ou passés qu'elle révère sans intolérance envers aucun, n'ont été que des expressions différentes et graduelles, sentiment qui n'attend qu'une nouvelle manifestation plus conforme aux conquêtes de la connaissance acquise, pour reprendre dans les âmes toute sa place naturelle, avec les aspirations de l'au delà spirituel qui seules font la grandeur et la noblesse de l'homme.

Dire, comme ces savants philosophes, que l'âme n'est rien parce que leur science a trouvé que l'âme ne se pèse ni ne se mesure ; que le sentiment religieux est moins que rien parce qu'il ne représenterait pour nous, civilisés, qu'un menteur écho atavique des terreurs de nos sauvages ancêtres devant les phénomènes de la nature que leur même science a nommés et classés dans l'étude de la physique, est-ce mieux connaître que ces sauvages la *cause première* de l'Univers et *l'origine* et le *devenir* de nous-mêmes ?

Notre raison et notre sentiment nous tiennent un tout autre langage. Notre doctrine, que guide la marche évolutive des mondes et de l'humanité, qui suit celle-ci à travers ses périodes successives et progressives de sauvagerie, de barbarie, de civilisation, et prolonge dans l'avenir sa courbe vitale est nécessairement la doctrine du *devenir*. L'existence n'est pas pour elle une monotone répétition des phénomènes mêmes physiques et animiques au delà desquels il n'y aurait plus rien. Elle écoute la voix du sentiment qui est *l'impulsion* vers ce qui doit être, autant que celle de l'ordinaire raison humaine, qui n'est que le répertoire et le contrôle de ce qui a été jusqu'ici.

Elle est pour tous la doctrine de *l'espérance*, et d'espérances toujours nouvelles : du souriant éveil de l'enfant aux généreux élans de la jeunesse, des viriles aspirations de l'âge mûr aux visions crépusculaires du soir de la vie qui pour certains est comme une autre aurore, c'est toujours essor et but nouveau.

Et cet essor continu vers le devenir ne s'arrête pas à la mort individuelle, ne cesse pas brusquement de répondre à l'appel de l'au delà ultra-terrestre que toujours entendit l'âme humaine de tous les temps, appel qui fait les extases, les élans religieux, les espoirs suprêmes.

— Folie ! mysticisme ! diront nos esprits forts, qui ne croient qu'à leur science.

Répondons-leur d'avance en leur annonçant la prochaine union de ces deux soi-disant contraires : *Science et mysti-*

cisme, antithèse d'aujourd'hui, équilibre rationnel et senti-
mental de demain.

Rénovation économique, politique, religieuse, tel est
donc le but triple (1) et unitéiste à la fois de l'École Sociétaire.

Puisse l'École Sociétaire marcher sans succomber en
route à ce noble but, et l'atteindre un jour avec l'aide de
tous ceux qui placent l'amour de l'Humanité et l'Idée bien
au-dessus de toute passion, de tout intérêt, du tout parti,
et sans autre mobile personnel que la satisfaction d'avoir
pu aider au bonheur de cette Humanité.

(1) Et ajoutons à ces trois aspects *fondamentaux* la Rénovation Internationale et la Rénovation Familiale, soit Nouvelle Vie publique et Nouvelle
Vie privée, dont les bases, d'une suprême rationalité, comme d'une senti-
mentalité souveraine, seront formulées dans les RÉSUMÉS SYNTHÉTIQUES, que
M. Hippolyte Destrem annonce pour l'année 1894.

APPENDICE

Le jour même où ce livre entrait sous presse, celui qui fut après Fourier le créateur de notre École Sociétaire, Victor Considérant, mourait foudroyé par l'apoplexie.

Après avoir au cours de cet historique rendu compte, trop brièvement peut-être, du rôle considérable que ce grand esprit et ce noble cœur sut remplir dans l'histoire de la démocratie et du sociétarisme, nous avons le pénible devoir de clore ces pages en rendant un dernier hommage à la mémoire de l'ancien et vénéré chef de notre École.

Victor Considérant était né à Salins (Jura) le 12 octobre 1808. Depuis l'année 1869, après vingt ans d'exil, revenu en France, à Paris, sa verte et sereine vieillesse se reposait des luttes passées, lorsque le 27 décembre 1893 il était subitement enlevé à l'affection de ses amis et admirateurs. Considérant est de ceux qui ne meurent pas tout entiers. Il continuera de vivre dans l'avenir par la grande œuvre que, pour une très grande part, il a contribué à fonder.

TABLE DES MATIÈRES

PREMIÈRE PARTIE

APERÇU HISTORIQUE

DEUXIÈME PARTIE

APERÇU THÉORIQUE

TROISIÈME PARTIE

APERÇU PRATIQUE

Tours, imp. E. ARRAULT ET Cⁱᵉ, 6, rue de la Préfecture.

www.ingramcontent.com/pod-product-compliance
Lightning Source LLC
Chambersburg PA
CBHW072110090426
42739CB00012B/2906